AF434364

Guía práctica de las reglas
Incoterms 2020

Derechos y obligaciones sobre las mercancías en el comercio internacional

David Soler

Índice

Las reglas Incoterms 2020

Guía práctica de las reglas
Incoterms 2020

1   El comercio internacional

Durante siglos el comercio internacional de mercancías ha sido uno de los principales motores de la economía mundial. Desde los grandes imperios de la Antigüedad hasta las corporaciones internacionales capitalistas, todos los sistemas económicos se han valido del comercio como sistema para articular la extracción de materias primas de unos territorios y, a su vez, para implantar en estos mismos territorios el consumo de productos elaborados en otras regiones.

Con el proceso de globalización experimentado por la economía mundial desde la década de 1970, el incremento de las transacciones internacionales ha alcanzado cotas inusitadas. Así, mientras que el PIB mundial se multiplicaba por cuatro durante el periodo 1970-2013, el comercio internacional lo hizo por diez. Esta intensificación supuso que mientras las exportaciones representaban en el año 1970 alrededor del 13 % del PIB mundial, en poco más de tres décadas, en 2013, suponían casi el 30 %.

No obstante, la tendencia de la economía globalizada indica un menor crecimiento del comercio internacional en el periodo 2014-2020. Más allá de los reflujos propios de la demanda, la saturación de los mercados y las recesiones financieras, este crecimiento que parecía expandirse hacia el infinito es inevitable que se vea acotado por crisis relacionadas con el agotamiento de los combustibles fósiles, la emergencia medioambiental que se cierne sobre el planeta y, muy significativamente, por situaciones críticas relacionadas con ella, como la derivada de la pandemia generada por la covid-19. Podemos decir que las crisis económica, medioambiental y social con que se inicia la década de 2020, son manifestaciones de una crisis global que está esencialmente generada por unos determinados modelos de producción y de consumo, en cuyo desarrollo el comercio internacional ha desempeñado un papel fundamental.

Por otro lado, el crecimiento sostenido que el comercio internacional ha mantenido durante siglos ha sido posible porque, además de las grandes inversiones de las compañías privadas, particularmente en medios de transporte, paralelamente, las administraciones públicas de la mayoría de países han realizado ingentes inversiones económicas en infraestructuras logísticas, con un elevado grado de desarrollo tecnológico y de automatización en sus sistemas. A su vez, estas infraestructuras han requerido una utilización significativa de recursos naturales y, con frecuencia, de grandes extensiones de territorio.

Finalmente, la combinatoria entre el incremento y la diversificación de los flujos de mercancías entre países y regiones económicas, la disponibilidad de recursos tecnológicos, las mejoras en la seguridad y calidad en el transporte, y la reducción en los tiempos de tráfico han generado que los procesos y los procedimientos del comercio internacional hayan evolucionado progresivamente hasta alcanzar los volúmenes que hoy conocemos.

2 Reglas para el comercio internacional

La complejidad de las operaciones de comercio internacional ha requerido que a lo largo del tiempo se hayan desarrollado un conjunto de figuras empresariales y profesionales con elevados grados de especialización. Unas están focalizadas en los procesos de transporte de las mercancías, otras se centran en la tramitación administrativa y aduanera, otras en los aspectos financieros de las operaciones, y aún otras en cubrir los riesgos económicos que entraña cada operación, entre las más significativas.

Poner en común los intereses de la parte compradora y la vendedora en una compraventa internacional, y aunar dichos intereses con los sectores profesionales que han de hacer viable la operación ha requerido articular procedimientos claros y precisos entre numerosas organizaciones, países y culturas. De esa necesidad se deriva la activa participación de las organizaciones corporativas internacionales en las que se agrupan las empresas que participan en cada sector, entre otras:

- Organización Marítima Internacional (OMI).
- Asociación Internacional de Transporte Aéreo (IATA). Organización Internacional del Transporte por Carretera (IRU).
- Organización Intergubernamental para los Transportes Internacionales por Ferrocarril (OTIF).
- Federación Internacional de Asociaciones de Transitarios (Fiata)
- Asociación Internacional de Agentes Profesionales de Aduana (ASAPRA).

De la articulación de procedimientos se han derivado numerosas normativas internacionales o recomendaciones que han requerido la implicación de otras organizaciones supranacionales, como la Organización Mundial del Comercio (OMC), el Fondo Monetario Internacional (FMI), o la Cámara de Comercio Internacional (CCI), por ejemplo.

Estas normativas y recomendaciones obedecen a que las operaciones de compraventa internacional de mercancías, a diferencia de las que se efectúan en el ámbito de un mismo país, conllevan una serie de procedimientos y condicionantes técnicos y administrativos que afectan decisivamente la manera en que se ha de pactar y desarrollar la transacción comercial y, particularmente, la entrega física de la mercancía.

En general, estos procedimientos y condicionantes se engloban en dos áreas de gestión: la financiera y la logística.

Poseer unos amplios conocimientos sobre gestión financiera del comercio internacional y una sólida experiencia profesional son la mejor garantía para elegir, por ejemplo, el medio de pago que ofrezca una mayor seguridad en cada operación.

De la misma manera, el conocimiento de la logística del comercio internacional y el poder contar con la

●● Qué son las reglas Incoterms

Tienen por objeto delimitar los derechos y las obligaciones de las partes que intervienen en la compraventa internacional de un producto en lo que concierne a estos cinco aspectos:

- Obligaciones de la parte compradora y la vendedora.
- Costos que asume cada parte.
- Responsabilidad sobre la mercancía.
- Despachos de aduanas.
- Lugar y momento de entrega de la mercancía.

colaboración de expertos profesionales son los mejores soportes para planificar un proceso logístico en el que las mercancías se desplazarán a través de áreas de almacenamiento, puertos o terminales de mercancías, y utilizarán diferentes modos o vehículos de transporte. Un escenario en el que también es necesario conocer el funcionamiento de los procesos documentales que afectan a las mercancías en el país de origen y en el de destino, y donde el más mínimo aspecto puede tener una considerable significación.

Así, por ejemplo, la distancia y las incidencias que puedan surgir en el trayecto entre el país en que se ubica la empresa vendedora y el de la compradora pueden incrementar los costos y los riesgos en el transporte. Una operación de compraventa internacional puede llegar a ser impracticable, entre otros motivos, por el precio de los fletes, las dificultades que entrañen las gestiones aduaneras o las sucesivas manipulaciones sobre las mercancías (en el trasbordo entre modos de transporte, en los traslados en las terminales portuarias, etc.).

Otro aspecto digno de consideración concierne a la legislación que debe dar cobertura a una operación de comercio internacional. Cada país o área económico-fiscal, puede tener una legislación que proporciona cobertura jurídica dentro del territorio en el que ha sido aprobada, pero que no puede aplicarse fuera de su dominio, motivo por el cual surge la dificultad de decidir cuál debe ser la reglamentación aplicable a la transacción.

Asimismo, conviene tener siempre presente los factores relativos a la cultura de cada lugar. Esto abarca a la lengua, a las costumbres y a las prácticas comerciales, así como a los entornos sociales. Todos estos aspectos pueden ser muy diferentes entre las partes y suscitar, así, distintas interpretaciones y valoraciones sobre sus obligaciones y la existencia o no de incumplimientos en las condiciones de entrega de las mercancías (lugar y momento de la entrega, embalajes empleados, etc.) y sobre quién recaería la responsabilidad de los mismos.

En las primeras décadas del siglo XX, ante la evidencia de que era necesario establecer una normativa que sirviera de referente para regular este tipo de situaciones, la Cámara de Comercio Internacional (CCI) desa-

> **flete**
>
> Retribución que la empresa responsable de la explotación del medio de transporte (marítimo, terrestre o aéreo) percibe por el transporte y la entrega de la mercancía, o por el alquiler de un buque o de una parte de éste. Puede ser pagado o debido, mediante lo que se establece si el pago se hace en origen o en destino, respectivamente. La base de cálculo más utilizada es la tonelada, pero se emplea el metro cúbico si el cálculo es por volumen.

rrolló en 1936 las reglas Incoterms® (acrónimo de *International Commercial Terms*). La finalidad fundamental de esta iniciativa fue contribuir a la seguridad jurídica en las operaciones internacionales de compraventa de mercancías y a la homogeneización de las condiciones de entrega de las mismas. Desde su primera publicación, estas reglas han sido revisadas periódicamente y se han adaptado a los sucesivos cambios en el ámbito

> **contrato de compraventa internacional**
>
> Es el documento comercial que dos o más partes suscriben como expresión formal de un acuerdo de compraventa internacional de mercancías. Además de describir las partes compradora y vendedora y las empresas intermediarias o agencias que puedan intervenir, así como los bienes objeto de la transacción, se estipulan con detalle los términos del acuerdo, en particular los plazos o períodos de tiempo a que haya lugar, el importe, las condiciones de pago, el lugar y las condiciones de entrega de los bienes (tipo de transporte, embalaje, etc.), las responsabilidades que cada parte firmante asume y cualquier otra consideración que estas deseen expresar sobre la operación. En el contrato de compraventa internacional de mercancías se debe indicar también la regla Incoterms que se haya acordado.

del comercio internacional, si bien la versión más reciente en el momento de la edición de esta guía reconoce de igual modo la aplicación de las reglas Incoterms a las transacciones efectuadas en un mismo país o área económico-fiscal, siempre que así lo acuerden las partes.[1]

De todo ello se infiere la necesidad de comprender y usar correctamente estas reglas, pues, si bien su aplicación no es obligatoria, su contribución al entendimiento entre las partes vendedora y compradora las hace recomendables. En tal caso, las empresas deben reflejarlo claramente en el contrato de compraventa refiriéndose a la versión en la que se amparan, esto es, la más reciente.

3   Finalidad y alcance de las reglas Incoterms

Tienen como finalidad delimitar los derechos y las obligaciones de las partes que suscriben un contrato de compraventa internacional en lo que concierne a las condiciones de entrega de la mercancía objeto de la transacción. Esto se concreta básicamente en dar respuesta a cinco cuestiones clave:

....

[1] Para ampliar la información acerca de la descripción y la utilización de las reglas Incoterms, véase *Manual de uso de las reglas Incoterms 2020*, de Alfonso Cabrera Cánovas (Marge Books, Barcelona, 2020).

- Qué obligaciones contrae cada parte (compradora y vendedora) de acuerdo con lo convenido en el contrato de compraventa en relación con la entrega de la mercancía.

- Qué costos asume cada parte en relación con la contratación del transporte y el conjunto de operaciones que pueden producirse en la cadena logística (embalaje, carga y estiba en los vehículos, desestiba y descarga, etc.)

- Qué parte asume el riesgo de la mercancía durante su transporte, el coste de su seguro, y hasta o desde qué punto del trayecto existe cobertura de dicho seguro, en el caso de que se haya contratado.

- Qué parte está obligada a realizar los despachos de aduanas, en caso de que sean necesarios.

> **cadena logística**
>
> Es el proceso de planificación, gestión y control de los flujos de materiales y productos, informaciones y servicios relacionados con dicho proceso. Distingue los subprocesos de aprovisionamiento, producción y distribución, e incluye los movimientos internos y externos, así como las operaciones de importación y exportación.

- Cuál es el lugar y el momento de la entrega de la mercancía y de la transmisión de riesgos de la empresa vendedora a la compradora.

Conviene tener en cuenta que, con todo, las reglas Incoterms no constituyen un contrato de compraventa por sí mismas, dado que no regulan ciertos aspectos determinantes para una transacción comercial; por ejemplo, la legislación que se debería aplicar en caso de incumplimiento de las condiciones comerciales que se pacten.

3.1 Aspectos regulados por las reglas Incoterms

Las reglas Incoterms definen en diez epígrafes los compromisos a los que pueden sujetarse las empresas ven-

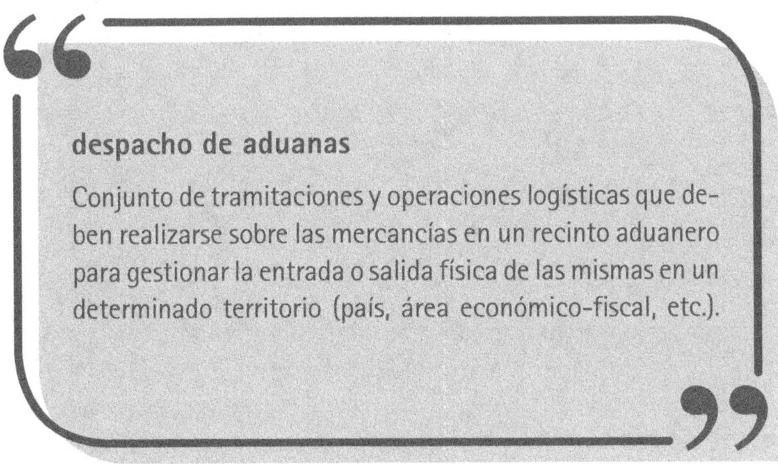

despacho de aduanas

Conjunto de tramitaciones y operaciones logísticas que deben realizarse sobre las mercancías en un recinto aduanero para gestionar la entrada o salida física de las mismas en un determinado territorio (país, área económico-fiscal, etc.).

dedora y compradora respecto a la entrega de la mercancía:

- **Obligaciones de la empresa vendedora**

    1. Suministro de la mercancía y de la factura comercial en las condiciones acordadas en el contrato de compraventa.
    2. Licencias, autorizaciones, acreditaciones de seguridad y otras formalidades, incluido el despacho de exportación o importación.

contrato de transporte

Mediante el contrato de transporte una persona física o jurídica conocida como porteadora se compromete a transportar una cosa, a la vez que otra, denominada cargadora, se compromete a pagar un precio por dicho servicio de transporte. Al existir obligaciones para ambas partes, este tipo de contrato se conoce como bilateral o sinalagmático.

El contrato de transporte establece el precio estipulado por el servicio y que la mercancía objeto del mismo debe llegar a su destino sin daño ni menoscabo en su naturaleza, pudiendo establecer otras cláusulas como el plazo de entrega en destino que se haya acordado.

3. Contratos de transporte y seguro.

4. Entrega de la mercancía.

5. Transmisión de riesgos.

6. Reparto de costos.

7. Notificación a la empresa compradora de la entrega de la mercancía.

8. Documentos y prueba de entrega.

9. Comprobación, embalaje y marcado de la mercancía.

10. Ayuda con la información y los costos relacionados.

- **Obligaciones de la empresa compradora**

1. Pago del precio de la mercancía convenido en el contrato de compraventa.

2. Licencias, autorizaciones, acreditaciones de seguridad y otras formalidades, incluido el despacho de exportación o importación.

3. Contratos de transporte y seguro.

4. Recepción de la mercancía.

5. Transmisión de riesgos.

6. Reparto de costos.

7. Notificación a la empresa vendedora de la recepción de la mercancía.

8. Documentos y prueba de entrega.

9. Inspección de la mercancía.

10. Ayuda a la parte vendedora con la información que solicite y los costos relacionados.

3.2 *Aspectos no regulados por las reglas Incoterms*

Los siguientes aspectos, esenciales para la transacción comercial de compraventa de mercancías, quedan fuera del alcance de las reglas Incoterms, si bien su negociación puede verse afectada por las condiciones de entrega convenidas:

- Condiciones del contrato de transporte entre las empresas vendedora o compradora con la porteadora.

contrato de seguro de transporte de mercancías

Contrato por el que una empresa (aseguradora) se obliga, a cambio de una prima, a indemnizar a otra (asegurada) en caso de que se dé uno de los riesgos previstos en dicho contrato, causándose daños, pérdidas o retrasos de la mercancía transportada y por una suma también determinada en el mismo. Para la empresa propietaria de la mercancía, este es un seguro de daños, mientras que para la transportista es un seguro de responsabilidad civil.

Las partes vendedora y compradora de una operación de compraventa internacional deben comprender y usar correctamente estas reglas. Aunque su aplicación no es obligatoria, son imprescindibles para el entendimiento entre todos los agentes y los equipos profesionales que intervienen en el comercio internacional.

Agentes de la cadena de suministro internacional

- Empresas exportadoras e importadoras.
- Empresas transitarias – Agentes de carga.
- Consignatarias.
- Agentes de aduanas.
- Empresas operadoras de la logística internacional.
- Transportistas por carretera.
- Operadoras ferroviarias.
- Navieras.
- Operadoras de carga aérea.
- Aseguradoras.
- Servicios financieros.
- Consultoras de comercio exterior.
- Almacenistas.
- Distribuidoras.
- Servicios de seguridad.
- Empresas consejeras de seguridad.
- Equipos gestores de centros de transporte.
- Equipos gestores de puertos comerciales.
- Responsables de comercio exterior de la administración pública.

- Transmisión de la propiedad de la mercancía.
- Precio de la compraventa, medios y plazo de pago.
- Normativa aplicable en caso de incumplimiento del contrato, su resolución y jurisdicción.
- Exoneraciones de responsabilidades debidas a la mercancía.

Así pues, ambas partes deben pactar las condiciones referidas a estos ámbitos y expresarlas debidamente y con la mayor precisión posible en el contrato de compraventa.

Aunque las reglas Incoterms no regulan expresamente los medios de pago internacionales, existe una estrecha relación entre ambos, que es preciso tener en cuenta para evitar disfunciones que dificulten el

> **cadena de suministro**
>
> Reúne el conjunto de actividades de una organización destinadas a satisfacer la demanda de productos y servicios, desde los requerimientos iniciales de materias primas e información hasta la entrega a la persona usuaria final y la recuperación de los residuos que se hayan podido generar en el proceso.

cobro de la operación y poder tramitar de manera adecuada determinados medios de pago, como los documentarios, por ejemplo. En el caso de que se utilice como medio de pago un crédito documentario, las obligaciones que asume la empresa vendedora en el contrato de compraventa en cuanto a las condiciones de entrega, es necesario que coincidan con las que se compromete documentalmente en la formalización de dicho crédito.

Nótese que las reglas Incoterms solo son aplicables a los contratos de compraventa de mercancías, de modo que la comercialización de servicios queda fuera de su alcance.

4   Las reglas Incoterms 2020

Las reglas Incoterms 2020 comprenden once reglas que se identifican por sus siglas en inglés. La tabla 1 muestra la relación de dichas siglas con sus correspondientes descripciones en inglés y en español.

Desde la perspectiva de las obligaciones y las responsabilidades asumidas por la empresa vendedora, las reglas Incoterms pueden clasificarse en cuatro categorías que agrupan dichas reglas de acuerdo con la letra inicial de sus correspondientes siglas y según el lugar de entrega de la mercancía:

- **Reglas E:** entrega en origen en las instalaciones de la empresa vendedora

  La empresa vendedora pone la mercancía a disposición de la compradora en sus propias instalaciones.

Reglas Incoterms 2020		
Sigla	*Descripción*	
EXW	*Ex works*	En fábrica
FCA	*Free carrier*	Franco porteador
FAS	*Free alongside ship*	Franco al costado del buque
FOB	*Free on board*	Franco a bordo
CFR	*Cost and freight*	Costo y flete
CIF	*Cost, insurance and freight*	Costo, seguro y flete
CPT	*Carriage paid to*	Transporte pagado hasta
CIP	*Carriage and insurance paid to*	Transporte y seguro pagados hasta
DAP	*Delivered at place*	Entregada en lugar
DPU	*Delivered at place unloaded*	Entregada en lugar descargada
DDP	*Delivered duty paid*	Entregada derechos pagados

Tabla 1. Siglas y descripciones correspondientes
a las reglas Incoterms 2020.

- **Reglas F:** entrega en origen sin pago del transporte principal por la empresa vendedora

  La empresa vendedora entrega la mercancía en el medio de transporte contratado por la compradora o en el lugar que esta designe en origen.

- **Reglas C:** entrega en origen con pago del transporte principal por la empresa vendedora

  La empresa vendedora contrata el transporte principal hasta destino, pero entrega la mercancía y transmite los riesgos en origen.

- **Reglas D:** entrega en destino

  La empresa vendedora asume todos los costos y riesgos necesarios para transportar la mercancía hasta su destino.

5   Riesgos y costos

Desde el momento en que la empresa vendedora inicia las acciones necesarias para poner la mercancía a disposición de la compradora, se originan una serie de riesgos y costos derivados de múltiples factores, como la distancia entre los puntos de origen y destino, la naturaleza y el tipo de mercancía (bultos sueltos, carga paletizada, graneles, carga contenerizada, etc.), el medio o medios de transporte utilizados, etc.

Entre los principales riesgos y costos figuran los siguientes:

- En el punto de origen de la mercancía

  - Verificación de la mercancía, embalaje y configuración de las unidades de carga.
  - Carga, estiba y trincaje en el medio de transporte interior.
  - Transporte interior (en el país de origen).
  - Despacho de aduana de salida.
  - Manipulación de la mercancía en el puerto o la terminal de salida.
  - Transporte principal.
  - Seguro.

> **trincaje**
>
> Es la operación de trabar y asegurar o sujetar firmemente con trincas una unidad de carga (incluyendo las mercancías que pueda contener) a un vehículo o unidad de transporte de carga (contenedor de transporte, caja del camión, etc.), de manera que no le afecten los movimientos bruscos que puedan producirse durante el transporte.

- En el punto de destino de la mercancía

  - Manipulación de la mercancía en el puerto o la terminal de entrada.
  - Despacho de aduana de entrada.
  - Transporte interior (en el país de destino).
  - Recepción, descarga y desestiba de la mercancía.
  - Seguro.

Generalmente, la empresa vendedora asume todos los riesgos hasta el punto de entrega convenido y en la fecha o el período acordado. Las posibilidades respecto al punto de entrega son muy diversas, desde la entrega en origen o en destino, hasta la entrega en un punto determinado del recorrido que hará la mercancía (en las terminales de salida o de llegada, a bordo del buque,

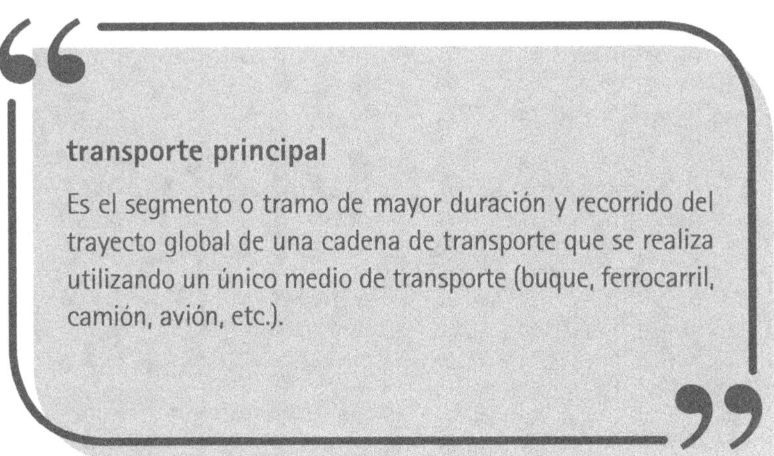

transporte principal

Es el segmento o tramo de mayor duración y recorrido del trayecto global de una cadena de transporte que se realiza utilizando un único medio de transporte (buque, ferrocarril, camión, avión, etc.).

en una plataforma de distribución, etc.) y en una fecha o un período determinados.

Es en el punto de entrega cuando se produce la transmisión de riesgos, de modo que a partir de él los posibles riesgos y daños sobre la mercancía durante el transporte, y todos los que se deriven de la cadena logística a partir de ese momento, pasan a ser asumidos por la empresa compradora.

Del mismo modo, en lo que se refiere a los costos, la empresa vendedora se ha de hacer cargo de todos aquellos que se originan con motivo de la entrega de la mercancía en el punto y el momento que se hayan convenido.

Así pues, al pactar las condiciones del contrato de compraventa, las empresas vendedora y compradora deben analizar, valorar y acordar con la máxima precisión:

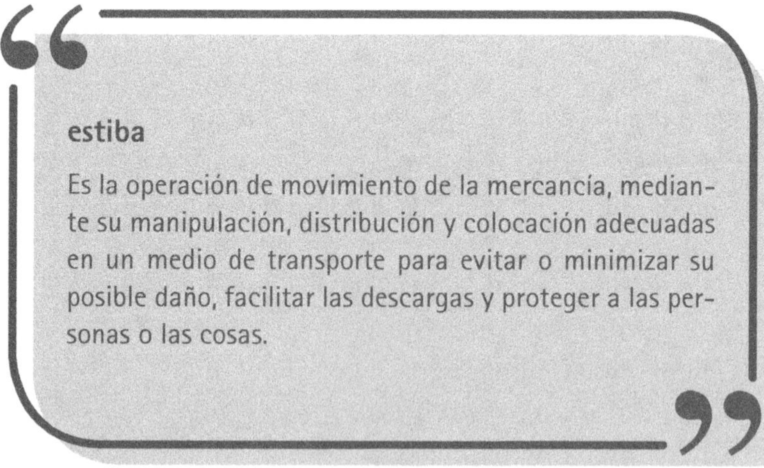

estiba

Es la operación de movimiento de la mercancía, mediante su manipulación, distribución y colocación adecuadas en un medio de transporte para evitar o minimizar su posible daño, facilitar las descargas y proteger a las personas o las cosas.

- Cuáles son los riesgos y costos derivados de la operación de compraventa de la mercancía.
- Qué parte y en qué medida debe asumir dichos riesgos y costos.
- En qué lugar y punto precisos tiene lugar la transmisión de riesgos de la empresa vendedora a la compradora.

6   Contratos de transporte

Las reglas Incoterms, pese a las ineludibles implicaciones que de su aplicación se derivan en cuanto a la contrata-

> **medio de transporte**
>
> Es el tipo de vehículo utilizado para el transporte. Cada modo de transporte dispone de una tipología específica:
>
> - Transporte aéreo: avión, helicóptero, etc.
> - Transporte por carretera: camión, furgoneta, etc.
> - Transporte ferroviario: ferrocarril.
> - Transporte marítimo y fluvial: buque, barco, barcaza, etc.
> - Transporte por tubería: tuberías.

ción del transporte, conciernen únicamente a aspectos relacionados con la compraventa de la mercancía.

Los contratos de transporte se inscriben en las normativas reguladoras correspondientes según el medio o medios de transporte que se utilicen en cada caso y su ámbito de aplicación.

Al margen de las reglas Incoterms acordadas, en el contrato de transporte solo son aplicables las condiciones que se hayan pactado entre la empresa transportista y la cargadora, su cliente, sea esta la parte compradora o la vendedora en la operación comercial.

Es una práctica habitual que las cotizaciones de transporte se soliciten indicando la regla Incoterms acordada, así como que en las cartas de porte se especifique dicha regla como indicación de a quién le corresponde asumir el costo del transporte.

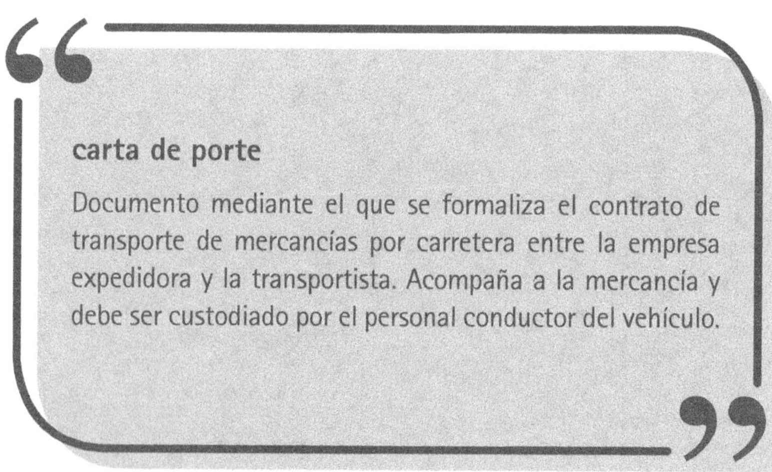

carta de porte

Documento mediante el que se formaliza el contrato de transporte de mercancías por carretera entre la empresa expedidora y la transportista. Acompaña a la mercancía y debe ser custodiado por el personal conductor del vehículo.

7 Pólizas de seguro

Respecto a la contratación del seguro de transporte, solo es obligatoria en condiciones CIF y CIP. En ambos casos, la empresa vendedora debe contratar un seguro que cubra los riesgos de la compradora en relación al transporte de la mercancía y con la cobertura y condiciones que especifican dichas reglas (ambas partes pueden, de mutuo acuerdo, ampliar la cobertura o concretar las condiciones del seguro).

Aunque en el resto de las condiciones de entrega, cada parte decide si quiere asegurar la operación y en qué condiciones, no cabe duda de que todo transporte está sujeto a unos riesgos que recomiendan la suscripción de una póliza de seguro que cubra los que cada parte haya asumido, en función del lugar de entrega y la transmisión de riesgos que se haya acordado.

8 Despachos aduaneros de exportación e importación

Estos trámites, cuando proceden (no es el caso en las operaciones de compraventa efectuadas en un mismo país o área económico-fiscal), conllevan la gestión de los despachos aduaneros correspondientes y de su documentación.

En todos los casos, el despacho aduanero de exportación lo asume siempre la empresa vendedora (exportadora), salvo en condiciones EXW.

Asimismo, el despacho aduanero de importación recae siempre en la empresa compradora (importadora), excepto en condiciones DDP.

9   Modos de transporte

Según el modo de transporte para el que han sido concebidas, las reglas Incoterms se clasifican, en la versión de 2020, en los siguientes grupos:

> **multimodalidad y transporte multimodal**
>
> La multimodalidad facilita la organización del transporte utilizando diferentes modos en un mismo itinerario o en una zona geográfica determinada.
>
> Así, el transporte multimodal es un sistema de transporte combinado en el que no se produce una ruptura de la unidad de carga y en la fase de transporte principal o de largo recorrido se utiliza una sucesión de distintos medios: camión-tren, camión-barco, camión-barco-tren o cualquier otra combinación posible. Todo ello al amparo de un solo contrato de transporte entre la empresa operadora de transporte y la cargadora.

- **Reglas Incoterms polivalentes o multimodales**

  Son adecuadas para toda aquella operación que conlleve transporte por carretera, ferroviario, aéreo o multimodal, incluido el transporte multimodal contenerizado con fase de transporte marítimo, así como la combinación de cualquiera de estos modos (excepto el marítimo de puerto a puerto). Esta categoría comprende las reglas:

EXW	*Ex works*	En fábrica
FCA	*Free carrier*	Franco porteador
CPT	*Carriage paid to*	Transporte pagado hasta
CIP	*Carriage and insurance paid to*	Transporte y seguro pagados hasta
DAP	*Delivered at place*	Entregada en lugar
DPU	*Delivered at place unloaded*	Entregada en lugar descargada
DDP	*Delivered duty paid*	Entregada derechos pagados

- **Reglas Incoterms para transporte marítimo y vías navegables interiores**

  Son adecuadas para toda aquella operación que conlleve transporte de carga general no contenerizada, fraccionada, graneles, etc., de puerto a puerto. Esta categoría comprende las reglas:

FAS	*Free alongside ship*	Franco al costado del buque
FOB	*Free on board*	Franco a bordo
CFR	*Cost and freight*	Costo y flete
CIF	*Cost, insurance and freight*	Costo, seguro y flete

Obligaciones de las partes vendedora y compradora en cada regla Incoterms

Reglas Incoterms 2020

	EXW	FCA local vendedor	FCA otro lugar	FAS	FOB	CFR	CIF	CPT	CIP	DAP	DPU	DDP
Envase y embalaje	V	V	V	V	V	V	V	V	V	V	V	V
Otros costos de exportación: documentos, certificaciones...	V	V	V	V	V	V	V	V	V	V	V	V
Carga de la mercancía en el vehículo de transporte inicial		V	V	V	V	V	V	V	V	V	V	V
Despacho de exportación		V	V	V	V	V	V	V	V	V	V	V
Transporte inicial			V	V	V	V	V	V	V	V	V	V
Transporte hasta terminal			V	V	V	V	V	V	V	V	V	V
Costos en terminal de origen: THC, tasas y otros				V	V	V	V	V	V	V	V	V
Carga a bordo					V	V	V	V	V	V	V	V
Transporte principal						V	V	V	V	V	V	V
Seguro de transporte	●	●	●	●	●	●	●	●	●	○	○	○
Descarga en terminal										V	V	V
Costos en terminal de destino: THC, tasas y otros										V	V	V
Despacho de importación												V
Transporte de terminal a destino										V	V	V
Descarga de la mercancía del vehículo de transporte final											V	

■ Costo a cargo de la empresa vendedora.

□ Costo a cargo de la empresa compradora.

● ○ No es obligatoria la contratación del seguro como condición de una regla Incoterms, pero se indica la parte, vendedora o compradora, a la que le conviene plantearse su contratación por soportar mayoritariamente los riesgos del transporte. En general, es conveniencia de la compradora desde EXW a CPT, mientras que convendrá mayoritariamente a la vendedora desde DAP a DDP.

Las reglas Incoterms 2020

EXW
FCA
FAS
FOB
CFR
CIF
CPT
CIP
DAP
DPU
DDP

E

EXW

Entrega en origen en las instalaciones de la empresa vendedora

Estas condiciones de entrega son las que implican menos obligaciones para la empresa vendedora, y se expresan únicamente mediante la regla multimodal EXW, que permite su aplicación utilizando cualquier modo de transporte o las posibles combinaciones entre ellos (carretera, marítimo, aéreo y ferroviario).

EXW *(ex works):*
en fábrica

Lugar de entrega y transmisión de riesgos

En condiciones EXW, la empresa vendedora cumple con su compromiso de entrega de la mercancía y transmite los riesgos sobre ella al ponerla a disposición de la empresa compradora en sus propias instalaciones o en otro lugar convenido (fábrica, almacén, depósito, plataforma de distribución, etc.), sin cargarla en el vehículo de transporte que habrá enviado la parte compradora.

Para evitar incidencias en la entrega, es conveniente que la empresa compradora incluya la operación de carga (incluso de estiba y amarre, en su caso) cuando contrate el servicio de transporte, y se asegure de que la empresa transportista cuenta con los medios necesarios para dicha operación o, en caso contrario, los ponga a su disposición.

Corresponden a la empresa vendedora los gastos de acondicionamiento de la mercancía para el transporte, que debe estar correctamente embalada y marcada.

La empresa compradora debe proporcionar a la vendedora una prueba de recepción de la mercancía.

Despacho de aduanas

Cuando sea de aplicación, es responsabilidad de la empresa compradora la realización de los trámites aduaneros de exportación en el país de origen, así como los de importación en el de destino y, en su caso, los de tránsito a través de países terceros.

La empresa vendedora debe facilitar a la compradora la documentación que esta le solicite para la realización de dichos trámites y el pago de sus costos.

Modos de transporte y mercancías

La regla EXW es multimodal y permite su aplicación a cualquier modo de transporte que se utilice o las posibles combinaciones entre ellos (carretera, marítimo, aéreo y ferroviario).

La empresa compradora asume la totalidad del transporte y del conjunto de operaciones que configuren la cadena logística hasta destino, de sus riesgos y sus costos.

EXW es una regla Incoterms que se utiliza particularmente en envíos de paquetería y pequeñas cargas de fácil manipulación, en operaciones de compraventa de ámbito nacional o dentro de una misma

(Sigue en la página 46)

EXW *(ex works):*
en fábrica

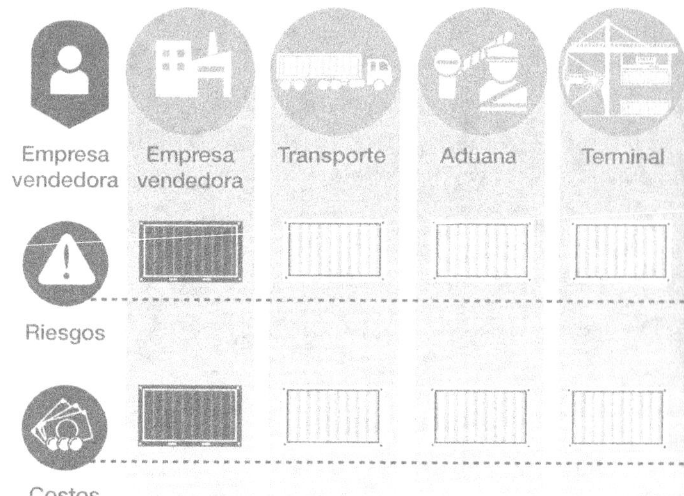

La operación de carga en el vehículo de transporte es siempre
responsabilidad de la empresa compradora, por lo que debe ser
ella misma o la transportista contratada por esta la que la efectúe,
inclusive cuando la mercancía vaya a combinarse con otros envíos
para formar unidades de carga mayores o camiones completos.

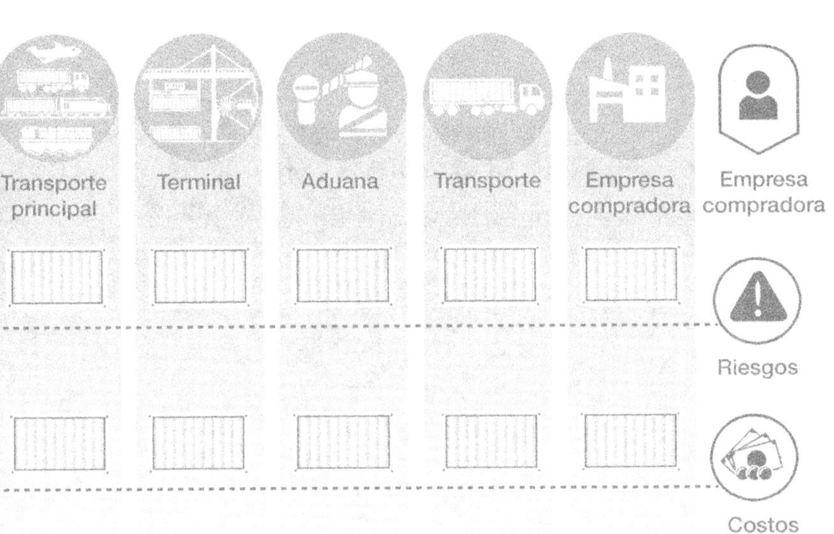

La empresa vendedora entrega la mercancía al ponerla a disposición
de la compradora en sus propias instalaciones sin cargarla
en el vehículo que envía la empresa compradora. Esta última asume
todos los costos y riesgos desde ese momento.

(Viene de la página 43)

región económico-fiscal, como por ejemplo la Unión Europea.

Seguros

Dado que la regla EXW implica un mínimo de obligaciones para la empresa vendedora, es la compradora quien ha de decidir si asegura los riesgos de la operación.

Entrega en origen
sin pago del transporte principal

Estas condiciones de entrega establecen que la empresa vendedora debe entregar la mercancía para su transporte en el país de origen, de acuerdo con las instrucciones de la compradora.

Este grupo comprende la regla multimodal FCA y las marítimas FAS y FOB.

FCA *(free carrier):* franco porteador

Lugar de entrega y transmisión de riesgos

En condiciones FCA, la empresa vendedora cumple con sus obligaciones y transmite los riesgos al entregar la mercancía a la empresa transportista contratada por la compradora en el lugar designado en el país de origen. La entrega de la mercancía puede convenirse de dos modos:

- **FCA instalaciones de la empresa vendedora,** cuando esta asume la carga de la mercancía en sus propias instalaciones a bordo del vehículo de transporte contratado por la compradora. A partir de dicho momento, la empresa compradora asume los costos y los riesgos sobre la mercancía.

- **FCA otro lugar,** cuando la empresa vendedora asume un primer transporte hasta otro punto acordado (un centro de carga aérea; una terminal de contenedores, portuaria o ferroviaria, almacén de una empresa transitaria, etc.) y entrega la mercancía sobre el vehículo preparada para su descarga. Desde ese momento, la parte compradora asume los costos y los riesgos y es ella la responsable de descargar la mercancía del vehículo en el lugar designado para la entrega.

En ambos casos, la empresa vendedora debe proporcionar a la compradora el documento probatorio usual de la entrega de la mercancía, que esta tiene la obligación de aceptar.

Despacho de aduanas

La aplicación de la regla FCA exige que sea la parte vendedora quien realice el despacho de exportación, cuando sea de aplicación, en la aduana del país de origen.

Por su parte, corresponderán a la empresa compradora los trámites aduaneros de importación en el país de destino y, en su caso, los de tránsito a través de países terceros.

La empresa vendedora debe facilitar a la compradora la documentación que esta le solicite para la realización de dichos trámites y el pago de sus costos.

(Sigue en la página 54)

FCA instalaciones de la empresa vendedora *(free carrier):* franco porteador

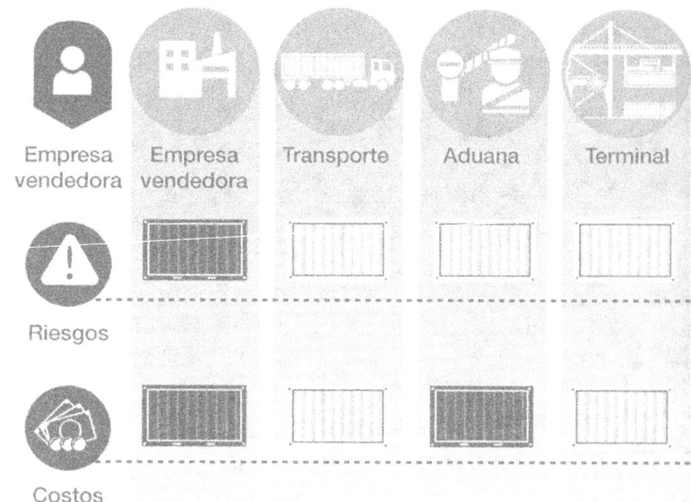

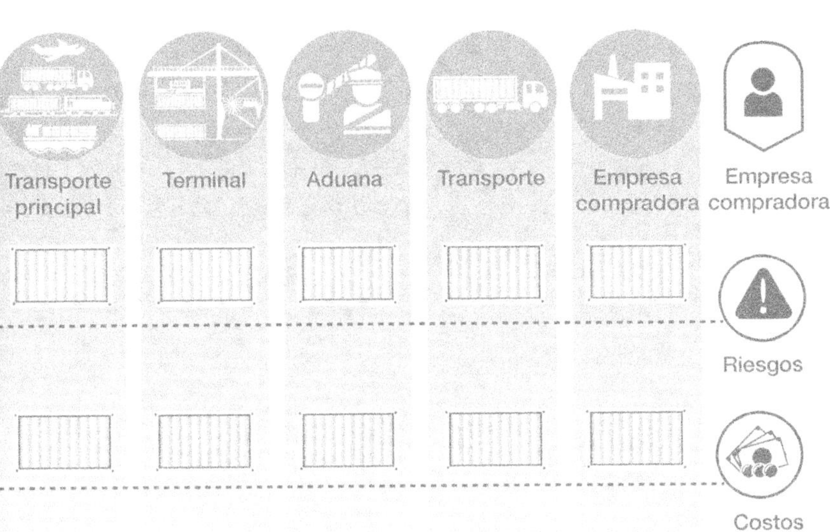

La empresa vendedora entrega la mercancía, despachada de
exportación, una vez cargada sobre el vehículo que la empresa
compradora envía a sus instalaciones. Desde ese momento, los costos
y riesgos siguientes corresponden todos a la empresa compradora.

FCA otro lugar *(free carrier)*: franco porteador

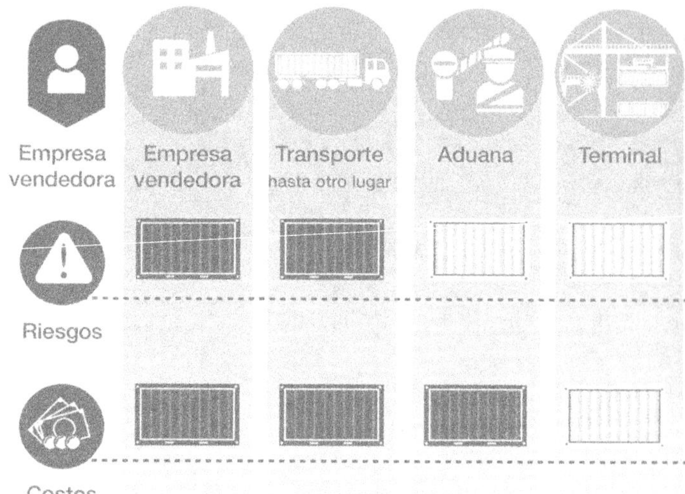

La empresa vendedora asume los costos y riesgos hasta situar la mercancía en el lugar designado (almacén, terminal, etc.), sin descargarla del vehículo de llegada y despachada de exportación. Desde ese momento, los costos y riesgos siguientes corresponden todos a la empresa compradora.

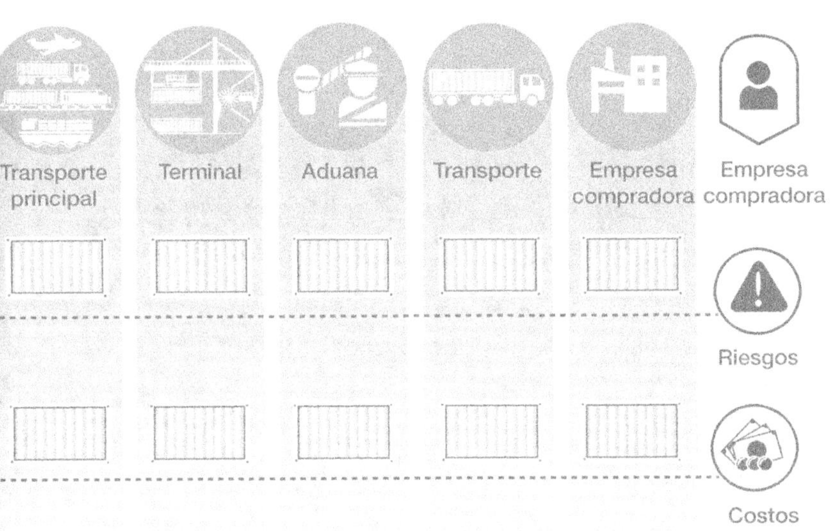

La empresa vendedora entrega la mercancía en el lugar acordado (sin descargarla del vehículo con que la transporta) y despachada de exportación. Desde ese momento, los costos y riesgos siguientes corresponden todos a la empresa compradora.

(Viene de la página 49)

Modo de transporte y mercancías

La regla FCA es multimodal y permite su aplicación a cualquier modo de transporte que se utilice o las posibles combinaciones entre ellos (carretera, marítimo, aéreo y ferroviario).

Es recomendable el uso de la regla FCA si la mercancía viaja en contenedor, ya sea en contenedor completo (en cuyo caso se desaconseja utilizar la regla FOB) o con carga parcial. Lo es también si se emplea transporte por carretera, en carga completa o grupaje.

Seguros

La regla FCA no obliga a contratar una póliza de seguro, pero ambas empresas han de decidir si aseguran los riesgos de la operación, la vendedora hasta la entrega de la mercancía y la compradora a partir de ese momento, cuando asume el conjunto de operaciones restantes de la cadena logística hasta el destino.

FAS *(free alongside ship):*
franco al costado del buque

Lugar de entrega y transmisión de riesgos

En condiciones FAS, la empresa vendedora cumple con sus obligaciones y transmite los riesgos al entregar la mercancía al costado del buque contratado por la compradora en la terminal del puerto de embarque designado y en la fecha acordada. Desde ese momento, los costos y riesgos del conjunto de la cadena logística, incluida la carga, la estiba o el trimado en el buque, corresponden a la empresa compradora.

La empresa vendedora debe proporcionar a la compradora el documento probatorio usual de la entrega de la mercancía, en este caso emitido por una operadora marítima o portuaria.

Siempre que la empresa compradora lo solicite, la vendedora debe prestarle la ayuda necesaria para que esta, a su propio costo y riesgo, pueda obtener el documento de embarque o cualquier otro documento marítimo.

(Sigue en la página 58)

FAS *(free alongside ship):*
franco al costado del buque

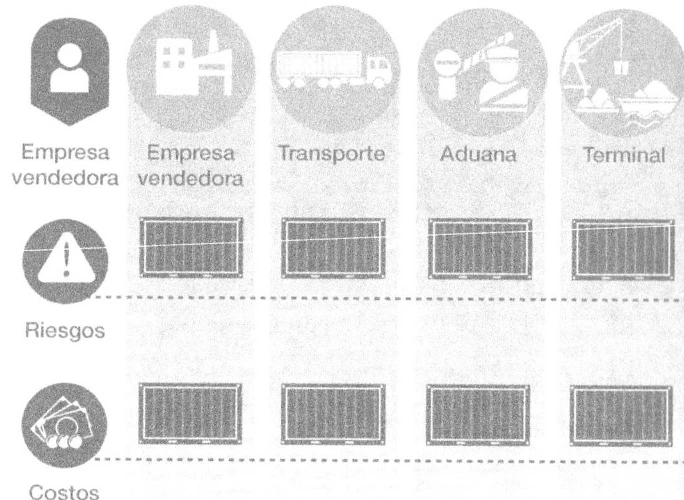

GUÍA PRÁCTICA DE LAS REGLAS INCOTERMS 2020

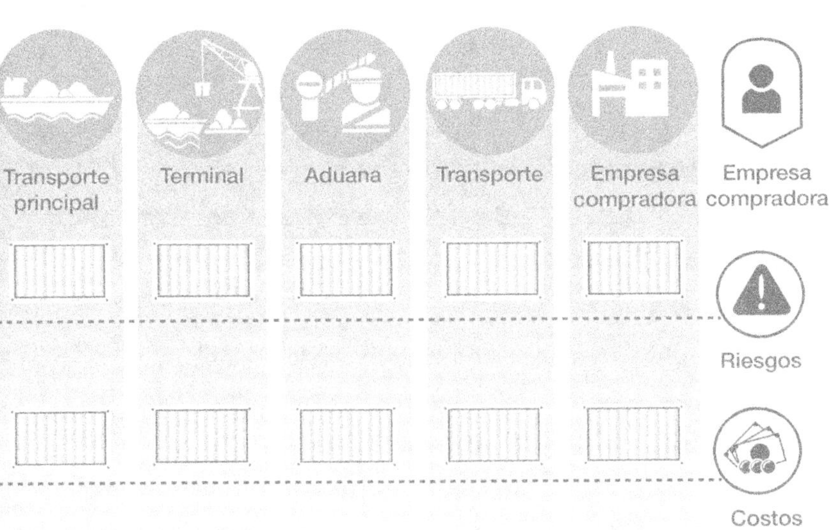

La empresa vendedora asume los costos y riesgos hasta situar
la mercancía, despachada de exportación, al costado del buque
en la terminal del puerto de embarque. Desde ese momento, los
costos y riesgos (carga a bordo del buque, estiba, transporte y otros
en destino) corresponden todos a la empresa compradora.

(Viene de la página 55)

Despacho de aduanas

La aplicación de la regla FAS exige que sea la parte vendedora quien realice el despacho de exportación, cuando sea de aplicación, en la aduana del país de origen.

Por su parte, corresponderán a la empresa compradora los trámites aduaneros de importación en el país de destino y, en su caso, los de tránsito a través de países terceros.

La empresa vendedora debe facilitar a la compradora la documentación que esta le solicite para la realización de dichos trámites y el pago de sus costos.

Modo de transporte y mercancías

La regla Incoterms FAS se emplea preferentemente cuando se trata de compraventa de graneles, bienes de equipo, maquinaria pesada, grandes volúmenes, etc., y se va a utilizar transporte marítimo o por vías navegables para su traslado.

No es aconsejable la regla FAS si la mercancía viaja en contenedor, en su lugar es recomendable el uso de la regla FCA.

Seguros

La regla FAS no obliga a contratar una póliza de seguro, pero ambas empresas han de decidir si aseguran los riesgos de la operación, la vendedora hasta la entrega de la mercancía y la compradora a partir de ese momento, cuando asume el conjunto de operaciones restantes de la cadena logística hasta el destino.

FOB *(free on board):* franco a bordo

Lugar de entrega y transmisión de riesgos

Esta regla, de frecuente uso en las operaciones de compraventa internacional, establece que la empresa vendedora cumple con sus obligaciones y transmite los riesgos al entregar la mercancía a bordo del buque contratado por la compradora en el puerto de embarque convenido.

Aun cuando la empresa compradora haya contratado el flete en condiciones de línea regular *(liner terms)* y, por tanto, este incluya los costos de carga y estiba, la transmisión de riesgos desde la empresa vendedora solo tiene lugar cuando la mercancía ha sido puesta a bordo del buque.

La empresa vendedora debe proporcionar a la compradora el documento probatorio de la entrega de la mercancía a bordo del buque en el puerto de origen,

(Sigue en la página 64)

FOB *(free on board):* franco a bordo

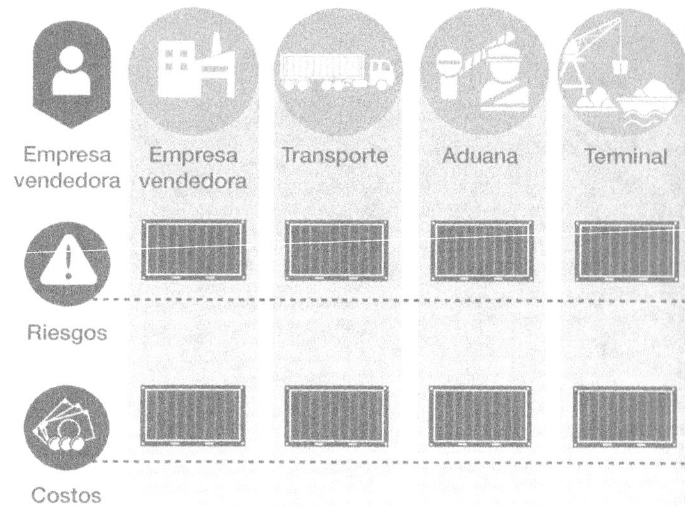

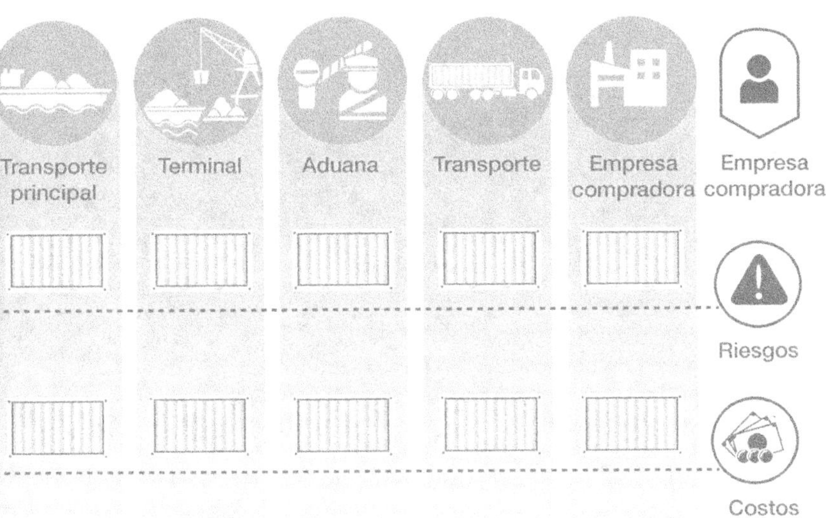

La empresa vendedora asume los costos y riesgos hasta situar
la mercancía, despachada de exportación, a bordo del buque
en el puerto de embarque. Desde ese momento, los costos
y riesgos (transporte y otros en destino) corresponden todos
a la empresa compradora.

FOB *(free on board):*
con contenedor

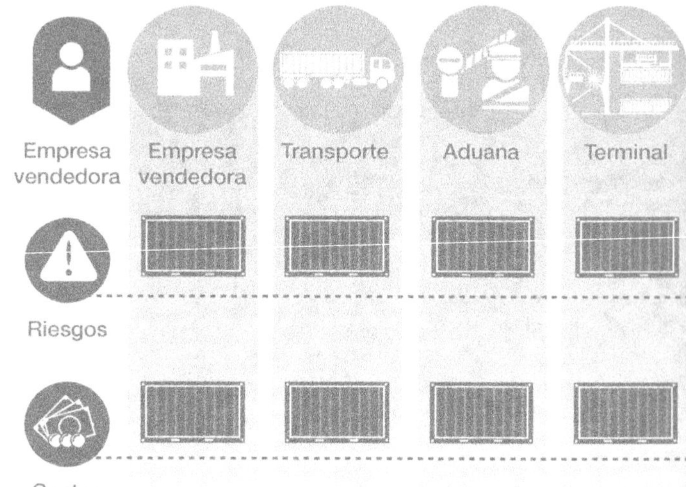

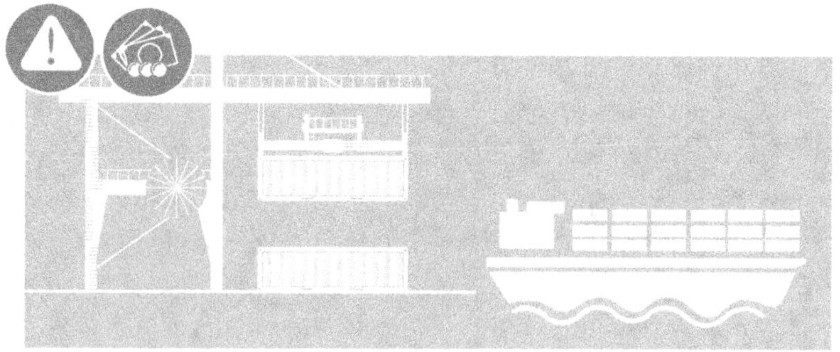

GUÍA PRÁCTICA DE LAS REGLAS INCOTERMS 2020

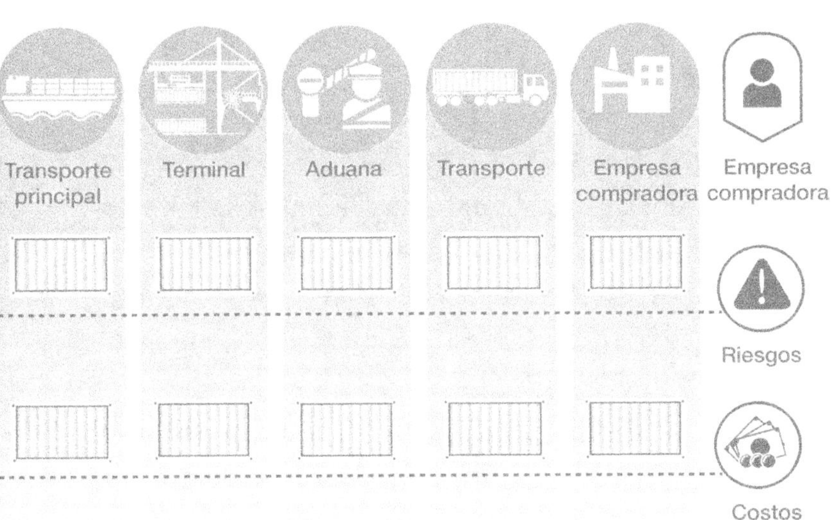

La empresa vendedora asume los costos y riesgos hasta situar
el contenedor, despachado de exportación, a bordo del buque
en el puerto de embarque. A partir de este punto, los costos
y riesgos (transporte y otros en destino) corresponden todos
a la empresa compradora.

(Viene de la página 59)

que en este caso puede consistir en un recibo de embarque emitido por el primer oficial del buque.

Es usual como prueba de entrega el conocimiento de embarque, que formaliza el contrato de transporte marítimo y que también puede ser gestionado por la empresa vendedora a porte debido.

En cualquier caso, siempre que la empresa compradora lo solicite, la vendedora debe prestarle la ayuda necesaria para que esta, a su propio costo y riesgo, pueda obtener el documento de embarque o cualquier otro documento marítimo.

Es adecuado utilizar la regla FOB cuando se producen operaciones de compraventa durante el trayecto marítimo, ya que establece que la entrega debe realizarse a bordo del buque o «proporcionando la mercancía así entregada», es decir, una vez embarcada, y dado que el conocimiento de embarque desempeña la función de título valor.

Despacho de aduanas

La aplicación de la regla FOB exige que sea la parte vendedora quien realice el despacho de exportación, cuando sea de aplicación, en la aduana del país de origen.

Por su parte, corresponderán a la empresa compradora los trámites aduaneros de importación en el país de destino y, en su caso, los de tránsito a través de países terceros.

     GUÍA PRÁCTICA DE LAS REGLAS INCOTERMS 2020

La empresa vendedora debe facilitar a la compradora la documentación que esta le solicite para la realización de dichos trámites y el pago de sus costos.

Modo de transporte y mercancías

El uso de la regla FOB se extiende a la compraventa de todo tipo de mercancías, desde las que se transportan como graneles, carga fraccionada o general (cajas, bidones, fardos, sacos, etc., en unidades sueltas o agrupadas en palés), maquinaria pesada, piezas voluminosas o contenedores, entre otras, siempre que se vaya a utilizar transporte marítimo para su traslado.

No es aconsejable la regla FOB si la mercancía viaja en contenedor, en cuyo caso es más recomendable el uso de la regla FCA.

Seguros

La regla FOB no obliga a contratar una póliza de seguro, pero ambas empresas han de decidir si aseguran los riesgos de la operación, la vendedora hasta la entrega de la mercancía a bordo del buque y la compradora a partir de ese momento, cuando asume el conjunto de operaciones restantes de la cadena logística hasta el destino.

C

**CFR CPT
CIF CIP**

Entrega en origen
con pago del transporte principal

Estas condiciones de entrega se caracterizan principalmente por el hecho de que, pese a que la empresa vendedora asume el costo del transporte principal de la mercancía, los riesgos de él derivados recaen sobre la compradora, dado que la entrega y transmisión de riesgos tiene lugar en origen, como ocurre con las reglas de los grupos E y F. La diferencia estriba en que, en condiciones C, es la empresa vendedora la que contrata el transporte, con lo que asume más costos, aunque no más riesgos.

Este grupo comprende las reglas Incoterms marítimas CFR y CIF y las multimodales CPT y CIP.

CFR *(cost and freight):*
costo y flete

Lugar de entrega y transmisión de riesgos

Mediante la regla CFR, la empresa vendedora se obliga a asumir todos los costos y el flete necesarios para transportar la mercancía hasta el puerto de destino convenido, sin descargar la mercancía del buque. Sin embargo, la entrega y transmisión de riesgos tiene lugar una vez que la mercancía ha sido colocada a bordo del buque. En caso de que en el transporte se produzca uno o más transbordos de la mercancía en diferentes puertos, se considera que la mercancía se entrega en el primero de ellos, en el de embarque.

Siendo que la empresa vendedora asume una parte significativa de los costos de transporte, en lo que concierne a las cláusulas contractuales de carga y descarga o términos de embarque de transporte marítimo, puede contratar el flete en condiciones LIFO *(liner in, free out)*, que incluirá el costo de las operaciones de carga y estiba de la mercancía en el puerto de origen, mientras que la desestiba y descarga en el puerto de destino serán por cuenta de la empresa compradora o de su consignataria.

Utilizando la regla CFR, también es posible pactar que los gastos de descarga en el puerto de destino corran a cargo de la empresa vendedora, para lo que debe indicarse la condición CFR *landed* (desembarcado) y acordar dicha operación con la compañía naviera.

La empresa vendedora debe proporcionar a la compradora el documento de transporte usual (originales del conocimiento de embarque marítimo, BL o *bill of lading*) que permita a esta retirar la mercancía en el puerto de destino convenido. El documento deberá incluir la expresión «flete prepagado» *(freight prepaid)*, conforme que ya ha sido abonado en origen.

Es adecuado utilizar la regla CFR cuando se producen operaciones de compraventa durante el trayecto marítimo, ya que establece que la entrega debe realizarse a bordo del buque o «proporcionando la mercancía así entregada», es decir, una vez embarcada, y dado que el conocimiento de embarque desempeña la función de título valor.

Despacho de aduanas

La aplicación de la regla CFR exige que sea la parte vendedora quien realice el despacho de exportación, cuando sea de aplicación, en la aduana del país de origen.

(Sigue en la página 74)

CFR *(cost and freight):*
costo y flete

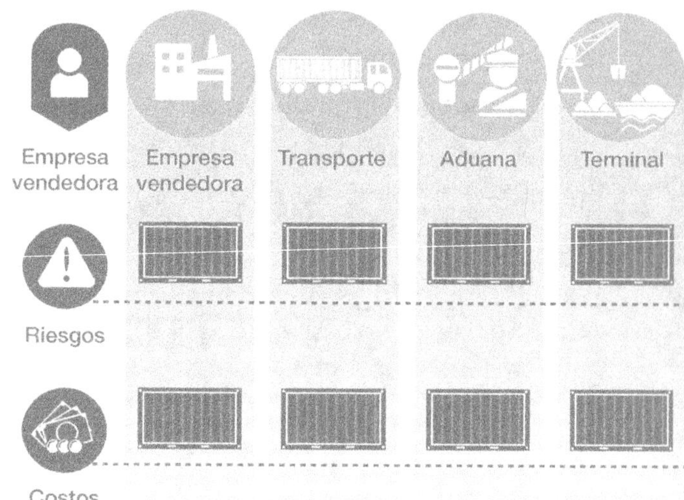

La empresa vendedora asume los costos logísticos hasta situar
la mercancía en el puerto de destino designado, si bien la entrega
y la transmisión de riesgos a la compradora se producen una vez que
la mercancía se encuentra a bordo del buque en el puerto de embarque.

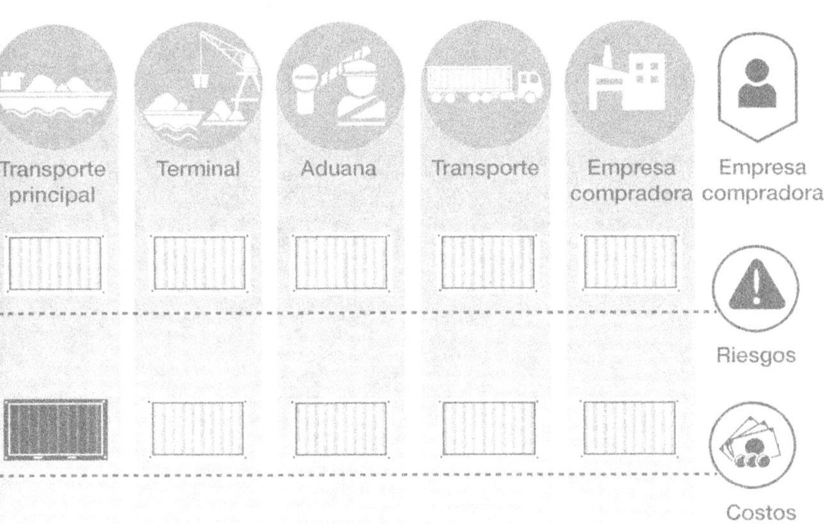

A la finalización del transporte marítimo, los costos de descarga
en el puerto de destino corresponden a la empresa compradora,
a menos que el contrato de transporte de la vendedora los incluya.

CFR *(cost and freight):*
con contenedor

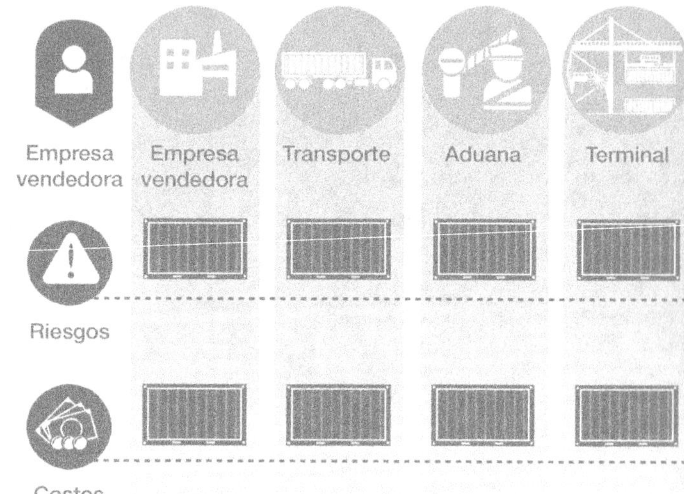

La empresa vendedora asume los costos logísticos hasta situar
el contenedor en el puerto de destino designado, si bien la entrega
y la transmisión de riesgos a la compradora se producen una vez que
el contenedor se encuentra a bordo del buque en el puerto de embarque.

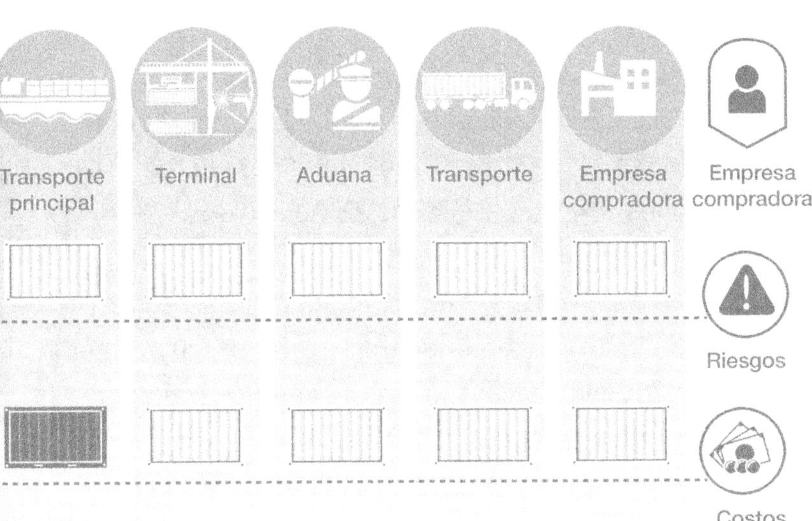

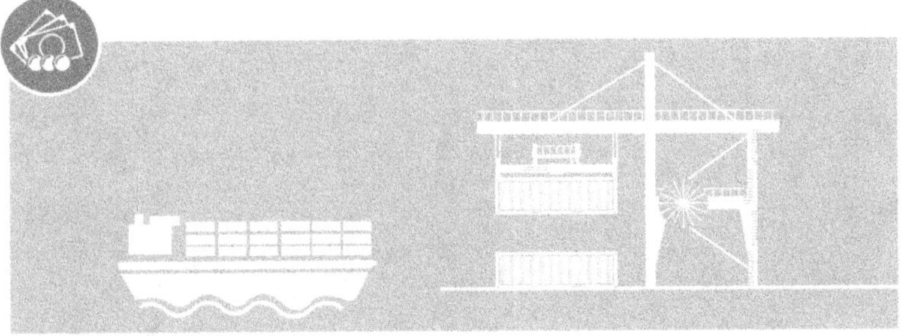

A la finalización del transporte marítimo, los costos de descarga
del contenedor en el puerto de destino corresponden a la empresa
compradora, a menos que el contrato de transporte de la vendedora
los incluya, hecho que suele producirse cuando se contratan servicios
de transporte de contenedores en línea regular.

(Viene de la página 69)

Por su parte, corresponderán a la empresa compradora los trámites aduaneros de importación en el país de destino y, en su caso, los de tránsito a través de países terceros.

La empresa vendedora debe facilitar a la compradora la documentación que esta le solicite para la realización de dichos trámites y el pago de sus costos.

Modo de transporte y mercancías

La regla CFR se utiliza en la compraventa de muy diferentes tipos de mercancías, desde las que se transportan como graneles, carga fraccionada o general (cajas, bidones, fardos, sacos, etc., en unidades sueltas o agrupadas en palés), maquinaria pesada, piezas voluminosas o contenedores, entre otras, siempre que se vaya a utilizar transporte marítimo para su traslado.

No obstante, si la mercancía viaja en contenedor, es más recomendable el uso de la regla CPT.

Seguros

La regla CFR no obliga a contratar una póliza de seguro, pero ambas empresas han de decidir si aseguran los riesgos de la operación, la vendedora hasta la entrega de la mercancía a bordo del buque y la compradora a partir de ese momento.

CIF *(cost, insurance and freight)*: costo, seguro y flete

Lugar de entrega y transmisión de riesgos

Mediante la regla CIF, la empresa vendedora se obliga a asumir todos los costos y el flete necesarios para transportar la mercancía hasta el puerto de destino convenido, sin descargar la mercancía del buque. Sin embargo, la entrega y transmisión de riesgos tiene lugar una vez que la mercancía ha sido colocada a bordo del buque. En caso de que en el transporte se produzca uno o más transbordos de la mercancía en diferentes puertos, se considera que la mercancía se entrega en el primero de ellos, en el de embarque.

Siendo que la empresa vendedora asume una parte significativa de los costos de transporte, en lo que concierne a las cláusulas contractuales de carga y descarga o términos de embarque de transporte marítimo, puede contratar el flete en condiciones LIFO *(liner in, free out)*,

(Sigue en la página 80)

CIF *(cost, insurance and freight):* costo, seguro y flete

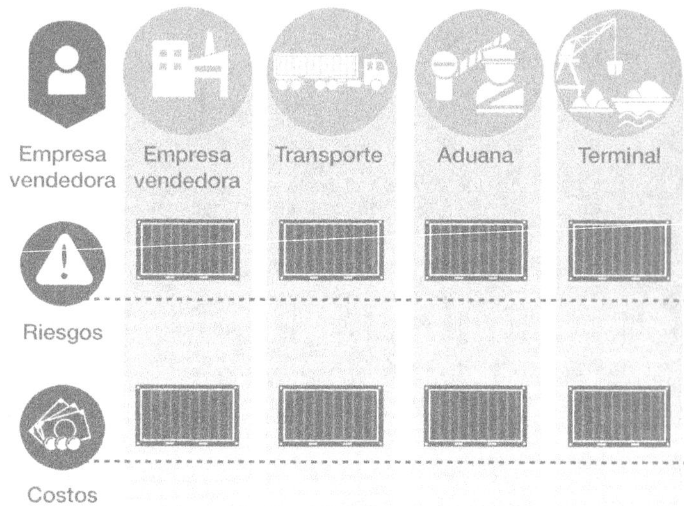

La empresa vendedora asume los costos logísticos hasta situar
la mercancía en el puerto de destino designado, si bien la entrega
y la transmisión de riesgos a la compradora se producen una vez que
la mercancía se encuentra a bordo del buque en el puerto de embarque.

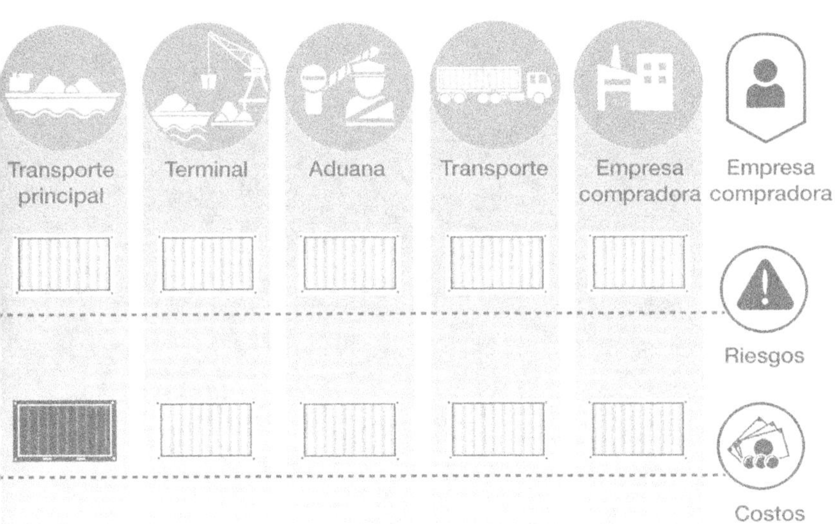

A la finalización del transporte marítimo, los costos de descarga
en el puerto de destino corresponden a la empresa compradora,
a menos que el contrato de transporte de la vendedora los incluya.

CIF *(cost, insurance and freight)*: con contenedor

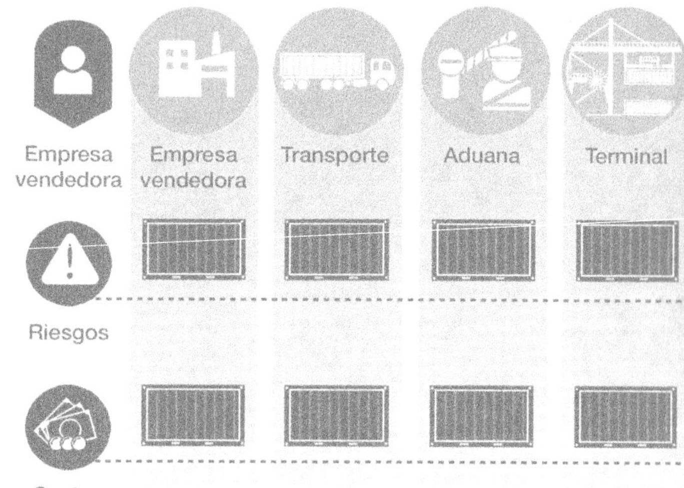

La empresa vendedora asume los costos logísticos hasta situar
el contenedor en el puerto de destino designado, si bien la entrega
y la transmisión de riesgos a la compradora se producen una vez que
el contenedor se encuentra a bordo del buque en el puerto de embarque.

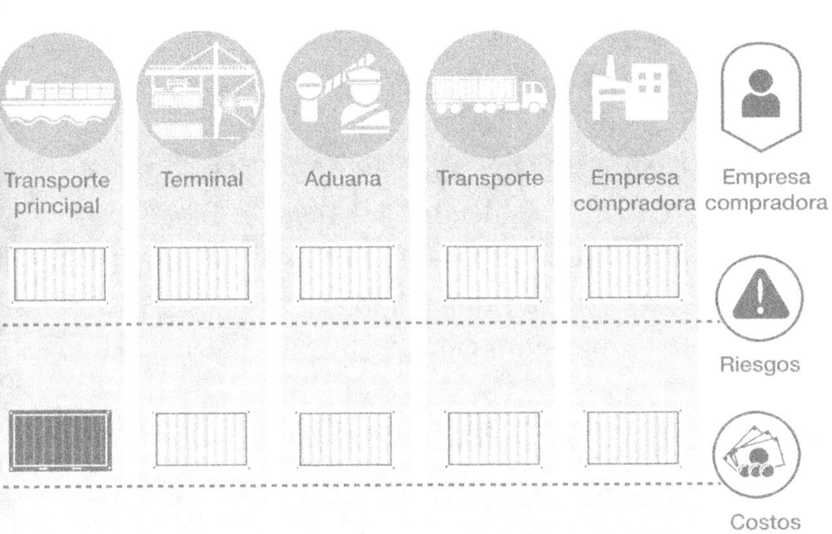

A la finalización del transporte marítimo, los costos de descarga
del contenedor en el puerto de destino corresponden a la empresa
compradora, a menos que el contrato de transporte de la vendedora
los incluya, hecho que suele producirse cuando se contratan servicios
de transporte de contenedores en línea regular.

(Viene de la página 75)

que incluirá el costo de las operaciones de carga y estiba de la mercancía en el puerto de origen, mientras que la desestiba y descarga en el puerto de destino serán por cuenta de la empresa compradora o su consignataria.

Utilizando la regla CIF, también es posible pactar que los gastos de descarga en el puerto de destino corran a cargo de la empresa vendedora, para lo que debe indicarse la condición CIF *landed* (desembarcado) y acordar dicha operación con la compañía naviera.

La empresa vendedora debe proporcionar a la compradora el documento de transporte usual (originales del conocimiento de embarque marítimo, BL o *bill of lading*) que permita a esta retirar la mercancía en el puerto de destino convenido. El documento deberá incluir la expresión «flete prepagado» *(freight prepaid)*, conforme que ya ha sido abonado en origen.

Es adecuado utilizar la regla CIF cuando se producen operaciones de compraventa durante el trayecto marítimo, ya que establece que la entrega debe realizarse a bordo del buque o «proporcionando la mercancía así entregada», es decir, una vez embarcada, y dado que el conocimiento de embarque desempeña la función de título valor.

Despacho de aduanas

La aplicación de la regla CFR exige que sea la parte vendedora quien realice el despacho de exportación, cuando sea de aplicación, en la aduana del país de origen.

Por su parte, corresponderán a la empresa compradora los trámites aduaneros de importación en el país de destino y, en su caso, los de tránsito a través de países terceros.

La empresa vendedora debe facilitar a la compradora la documentación que esta le solicite para la realización de dichos trámites y el pago de sus costos.

Modo de transporte y mercancías

La regla CIF se utiliza en la compraventa de muy diferentes tipos de mercancías, desde las que se transportan como graneles, carga fraccionada o general (cajas, bidones, fardos, sacos, etc., en unidades sueltas o agrupadas en palés), maquinaria pesada, piezas voluminosas o contenedores, entre otras, siempre que se vaya a utilizar transporte marítimo para su traslado.

No obstante, si la mercancía viaja en contenedor, es más recomendable el uso de la regla CPT.

Seguros

La regla CIF añade al condicionado de CFR la obligación de que la empresa vendedora contrate y asuma la prima de una póliza de seguro que cubra los riesgos de la mercancía soportados por la empresa compradora respecto del transporte, esto es, desde el embarque en el puerto de origen. Dicho seguro debe ofrecer la cobertura mínima establecida en las cláusulas ICC (Institute Cargo Clauses) del Instituto de Aseguradores de Londres o similares. El importe asegurado debe cubrir como mínimo el 110 % del precio fijado en el contrato de compraventa y ha de formalizarse en la misma moneda que este.

CPT *(carriage paid to):* transporte pagado hasta

Lugar de entrega y transmisión de riesgos

Mediante la regla CPT, la empresa vendedora se obliga a contratar y asumir todos los costos del transporte de la mercancía hasta el lugar de destino convenido (terminal marítima, terrestre o aérea) con la compradora, si bien la entrega y transmisión de riesgos a esta tienen lugar en origen, una vez que la mercancía ha sido entregada a la empresa transportista que la propia vendedora ha contratado. En caso de que en el transporte intervengan varias empresas transportistas, se considera que la mercancía se entrega a la primera de ellas, en las propias instalaciones de la vendedora o en el lugar que se haya expresamente designado.

La empresa vendedora debe proporcionar a la compradora el documento de transporte usual (conocimiento de embarque en el transporte marítimo, carta de porte en los otros modos de transporte) para el transporte contratado.

(Sigue en la página 88)

CPT *(carriage paid to):*
transporte pagado hasta

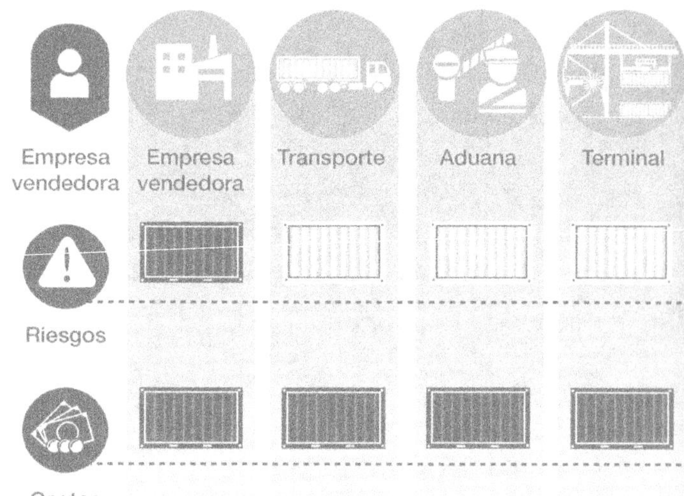

La empresa vendedora asume los costos del transporte hasta el lugar de destino designado (terminal portuaria o ferroviaria, centro logístico, etc.), si bien la entrega y la transmisión de riesgos a la compradora tienen lugar al poner la mercancía a disposición de la primera empresa transportista en sus instalaciones u otro lugar acordado.

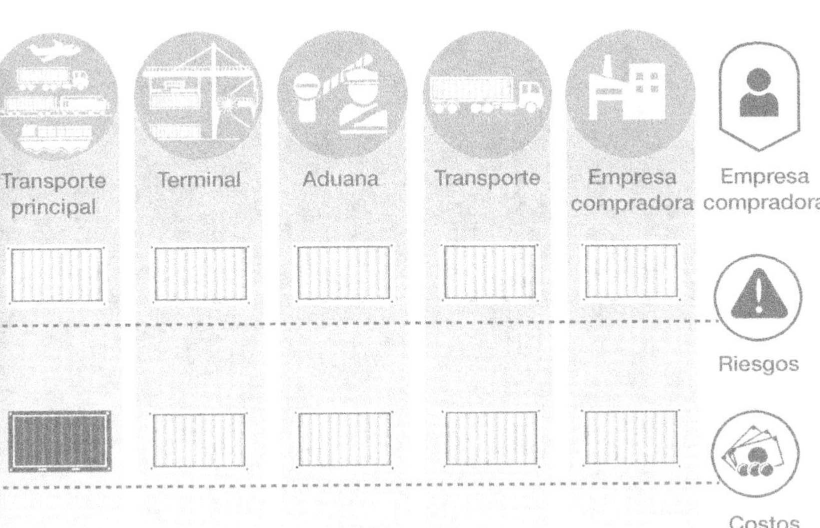

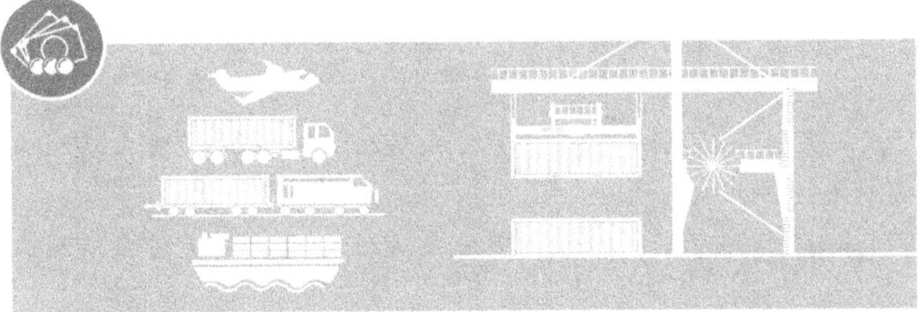

A la finalización del transporte, los costos de descarga en destino corresponden a la empresa compradora, excepto que el contrato de transporte de la vendedora los incluya.

CPT por carretera *(carriage paid to):* transporte pagado hasta

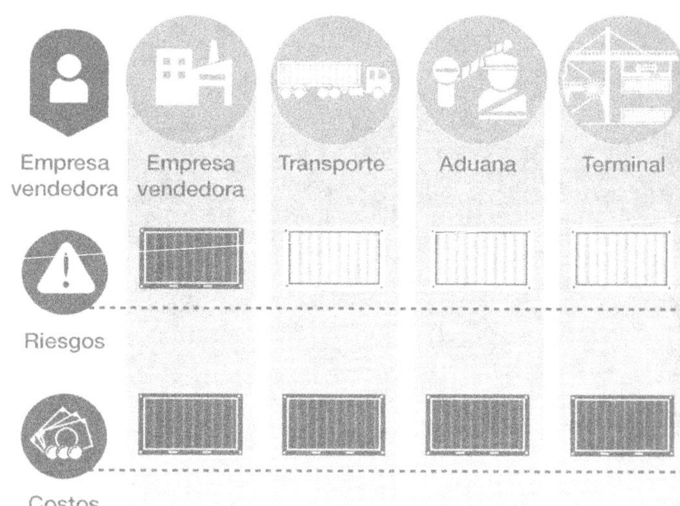

La empresa vendedora asume los costos del transporte por carretera
hasta el lugar designado (habitualmente, instalaciones de la empresa
compradora), si bien la entrega y la transmisión de riesgos
a la compradora tienen lugar al cargar la mercancía sobre el vehículo
de la empresa transportista en sus instalaciones u otro lugar acordado.

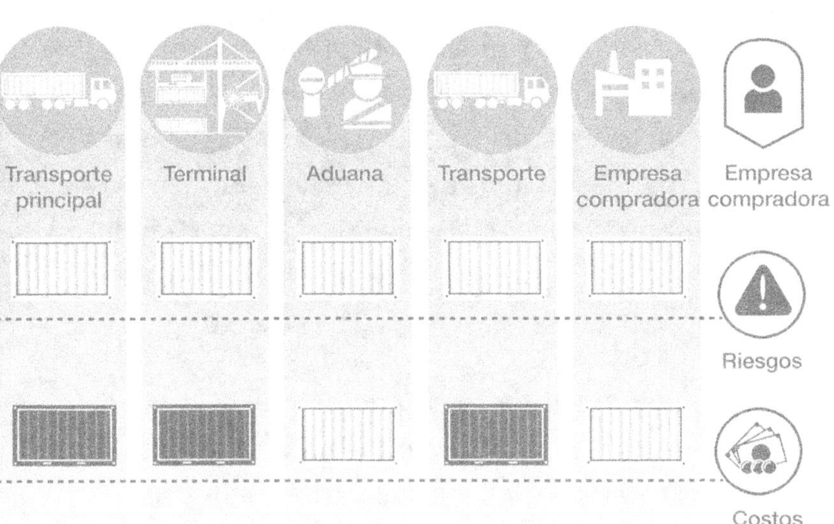

A la finalización del transporte por carretera, los costos de descarga
en destino corresponden a la empresa compradora, excepto que
el contrato de transporte de la vendedora los incluya.

(Viene de la página 83)

Despacho de aduanas

La aplicación de la regla FOB exige que sea la parte vendedora quien realice el despacho de exportación, cuando sea de aplicación, en la aduana del país de origen.

Por su parte, corresponderán a la empresa compradora los trámites aduaneros de importación en el país de destino y, en su caso, los de tránsito a través de países terceros.

La empresa vendedora debe facilitar a la compradora la documentación que esta le solicite para la realización de dichos trámites y el pago de sus costos.

Modo de transporte y mercancías

La regla CPT es multimodal y permite su aplicación a cualquier modo de transporte que se utilice o las posibles combinaciones entre ellos (carretera, marítimo, aéreo y ferroviario).

Es recomendable el uso de la regla CPT si la mercancía viaja en contenedor, ya sea como carga completa (FCL) o como de carga fraccionada (LCL), en cuyo caso es desaconsejable utilizar las reglas CFR y CIF.

Seguros

La regla CPT no obliga a contratar una póliza de seguro, pero ambas empresas han de decidir si aseguran los riesgos de la operación, la vendedora hasta la entrega de la mercancía y la compradora a partir de ese momento, cuando asume el conjunto de operaciones restantes de la cadena logística hasta el destino.

CIP *(carriage and insurance paid to):* transporte y seguro pagados hasta

Lugar de entrega y transmisión de riesgos

Mediante la regla CIP, la empresa vendedora se obliga a contratar y asumir todos los costos del transporte de la mercancía hasta el lugar de destino convenido (terminal marítima, terrestre o aérea) con la compradora, si bien la entrega y transmisión de riesgos a esta tienen lugar en origen una vez que la mercancía, ha sido entregada a la empresa transportista que la propia vendedora ha contratado. En caso de que en el transporte intervengan varias empresas transportistas, se considera que la mercancía se entrega a la primera de ellas, en las propias instalaciones de la vendedora o en el lugar que se haya expresamente designado.

La empresa vendedora debe proporcionar a la compradora el documento de transporte usual (conocimiento de embarque en el transporte marítimo, car-

(Sigue en la página 94)

CIP *(carriage and insurance paid to)*: transporte y seguro pagados hasta

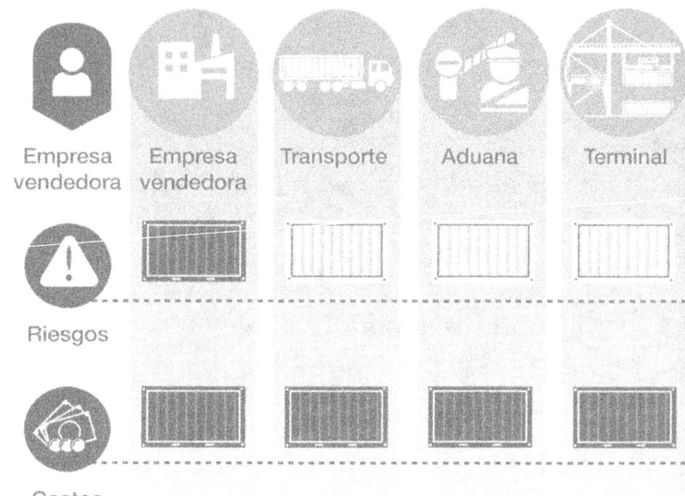

La empresa vendedora asume los costos del transporte hasta el lugar de destino designado (terminal portuaria o ferroviaria, centro logístico, etc.), si bien la entrega y la transmisión de riesgos a la compradora tienen lugar al poner la mercancía a disposición de la primera empresa transportista en sus instalaciones u otro lugar acordado.

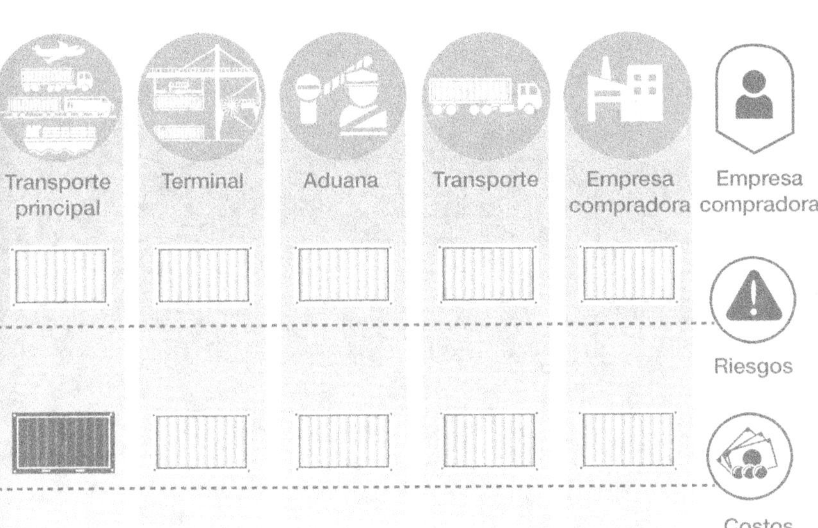

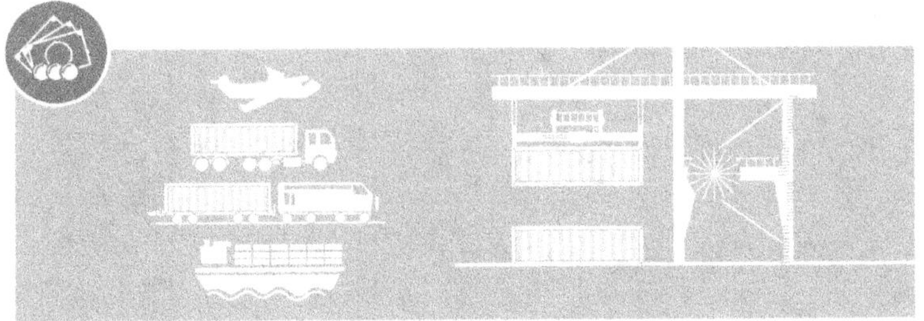

A la finalización del transporte, los costos de descarga en destino corresponden a la empresa compradora, excepto que el contrato de transporte de la vendedora los incluya.

CIP por carretera *(carriage and insurance paid to):* transporte y seguro pagados hasta

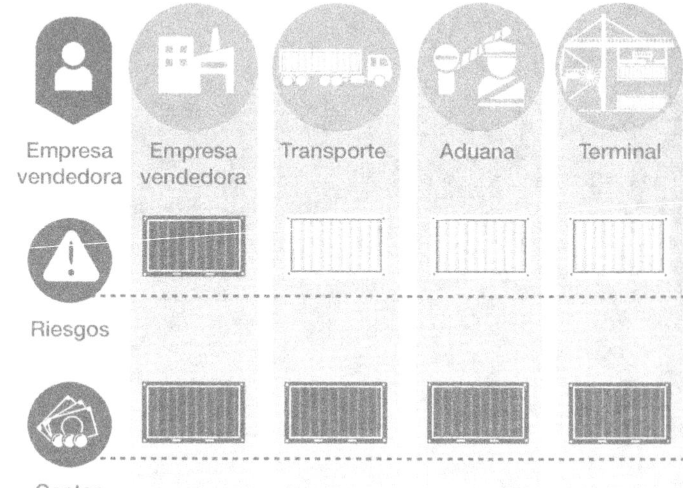

La empresa vendedora asume los costos del transporte por carretera
hasta el lugar designado (habitualmente, instalaciones de la empresa
compradora), si bien la entrega y la transmisión de riesgos
a la compradora tienen lugar al cargar la mercancía sobre el vehículo
de la empresa transportista en sus instalaciones u otro lugar acordado.

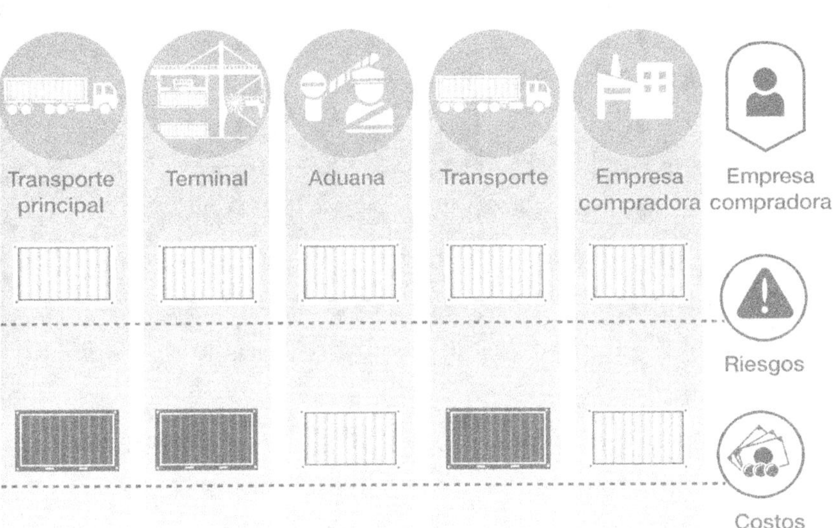

A la finalización del transporte por carretera, los costos de descarga
en destino corresponden a la empresa compradora, excepto que
el contrato de transporte de la vendedora los incluya.

(Viene de la página 89)

ta de porte en los otros modos de transporte) para el transporte contratado.

Despacho de aduanas

La aplicación de la regla CIP exige que sea la parte vendedora quien realice el despacho de exportación, cuando sea de aplicación, en la aduana del país de origen.

Por su parte, corresponderán a la empresa compradora los trámites aduaneros de importación en el país de destino y, en su caso, los de tránsito a través de países terceros.

La empresa vendedora debe facilitar a la compradora la documentación que esta le solicite para la realización de dichos trámites y el pago de sus costos.

Modo de transporte y mercancías

La regla CIP es multimodal y permite su aplicación a cualquier modo de transporte que se utilice o las posibles combinaciones entre ellos (carretera, marítimo, aéreo y ferroviario).

Es recomendable el uso de la regla CIP si la mercancía viaja en contenedor, ya sea como carga completa (FCL) o como de carga fraccionada (LCL), en cuyo caso se desaconseja utilizar las reglas CFR y CIF.

Seguros

La regla CIP añade al condicionado de CPT la obligación de que la empresa vendedora contrate y asuma el costo de una prima de seguro que cubra los riesgos de la mercancía soportados por la empresa compradora desde el momento en que se entrega a la transportista hasta el lugar de destino donde la vendedora ha contratado el transporte (terminal portuaria o ferroviaria, centro logístico, etc.).

Dicho seguro debe ofrecer la cobertura mínima establecida en las cláusulas ICC (Institute Cargo Clauses) del Instituto de Aseguradores de Londres o similares. El importe asegurado debe cubrir como mínimo el 110 % del precio fijado en el contrato de compraventa y ha de formalizarse en la misma moneda que este.

D

DAP
DPU
DDP

Entrega en destino

Estas condiciones de entrega son las que implican más responsabilidades para la empresa vendedora, que asume todos los costos y riesgos derivados del transporte de la mercancía desde el punto de origen hasta el lugar acordado en el país de destino.

Este grupo comprende las reglas multimodales DAP, DPU y DDP.

DAP *(delivered at place):* entregada en lugar

Lugar de entrega y transmisión de riesgos

En condiciones DAP, la empresa vendedora cumple con su obligación de entrega y transmite los riesgos al poner la mercancía, sobre el medio de transporte y sin descargar, a disposición de la compradora en un punto designado en el país de destino: puerto, fábrica, almacén, depósito, centro logístico, etc. De este modo, la empresa vendedora debe asumir los riesgos y costos derivados de todas las fases del transporte hasta el lugar de entrega acordado.

Por su parte, la empresa compradora debe proporcionar a la vendedora una prueba de recepción de la mercancía. La empresa vendedora puede llegar a condicionar el pago de la última fase de transporte (habitualmente por carretera) a la obtención de dicha prueba para asegurarse de que la mercancía ha sido efectivamente entregada a la empresa compradora en perfectas condiciones y en los términos que haya acordado con la empresa transportista.

Despacho de aduanas

La aplicación de la regla DAP exige que sea la parte vendedora quien realice el despacho de exportación, cuando sea de aplicación, en la aduana del país de origen.

Por su parte, corresponderán a la empresa compradora los trámites aduaneros de importación en el país de destino.

La empresa vendedora debe facilitar a la compradora la documentación que esta le solicite para realizar el despacho de aduanas de importación y el pago de sus costos.

Modo de transporte y mercancías

La regla DAP es multimodal y permite su aplicación utilizando cualquier modo de transporte que se utilice o las posibles combinaciones entre ellos (carretera, marítimo, aéreo y ferroviario). No obstante, es particularmente adecuada utilizando el transporte por carretera en camión completo o grupaje que no requiera despacho de aduana de importación.

Seguros

La regla DAP no obliga a contratar una póliza de seguro, pero ambas empresas han de decidir si aseguran los riesgos de la operación, la vendedora hasta la entrega de la mercancía, sin descargar del medio de transporte, y la compradora a partir de ese momento.

DAP *(delivered at place):* entregada en lugar

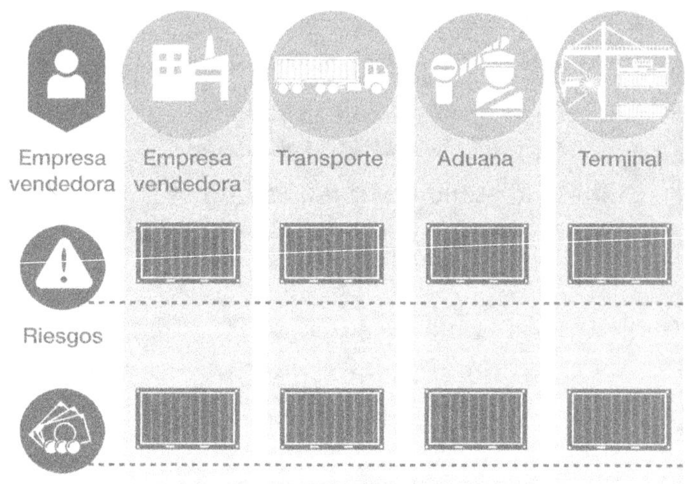

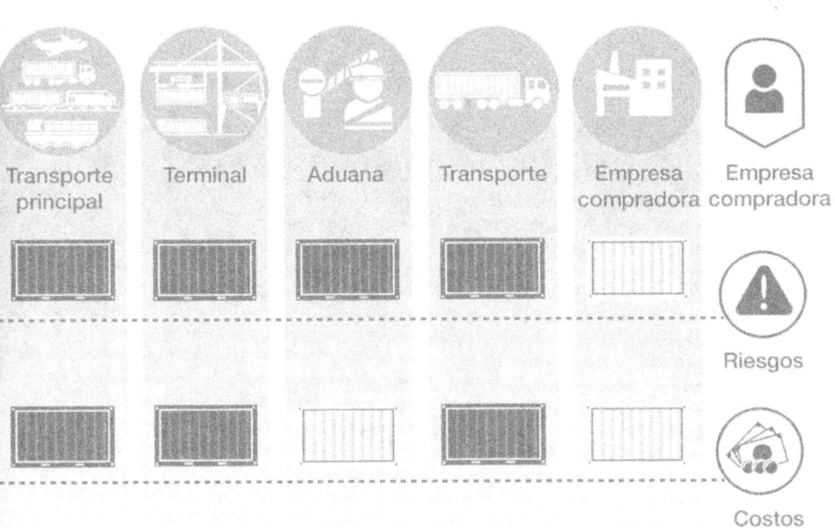

La empresa vendedora asume los costos y riesgos hasta entregar
la mercancía en el lugar de destino designado (terminal, centro
logístico, almacén, etc.), sin descargarla del vehículo de llegada.
A partir de ese momento, los costos y riesgos corresponden
a la empresa compradora.

DPU *(delivered at place unloaded)*: entregada en lugar descargada

Lugar de entrega y transmisión de riesgos

En condiciones DPU, la empresa vendedora asume todos los costos de transporte y cumple con su obligación de entrega al poner la mercancía, descargada del medio de transporte de llegada, a disposición de la compradora en el lugar de destino que se haya convenido en el contrato de compraventa (centro logístico, almacén de la empresa compradora, etc.), momento en el que transmiten los riesgos a la compradora.

Por su parte, la empresa compradora debe proporcionar a la vendedora una prueba de recepción de la mercancía. En la regla DPU, dado que la entrega tiene lugar en destino, la empresa vendedora puede llegar a condicionar el pago del transporte principal a la obtención de dicha prueba para asegurarse de que la mercancía ha sido efectivamente entregada en perfectas condiciones y en los términos que haya acordado con la empresa transportista.

Despacho de aduanas

La aplicación de la regla DPU exige que sea la parte vendedora quien realice el despacho de exportación, cuando sea de aplicación, en la aduana del país de origen y, en su caso, los de tránsito a través de países terceros.

Por su parte, corresponderán a la empresa compradora los trámites aduaneros de importación en el país de destino.

La empresa vendedora debe facilitar a la compradora la documentación que esta le solicite para la realización de dichos trámites y el pago de sus costos.

Modo de transporte y mercancías

La regla DPU es multimodal y permite su aplicación a cualquier modo de transporte que se utilice o las posibles combinaciones entre ellos (carretera, marítimo, aéreo y ferroviario).

Entre sus aplicaciones, la regla DPU es indicada para operaciones de paquetería, en las que la empresa transportista asume la descarga de la mercancía del vehículo de transporte, o cuando se trata de mercancía fraccionada que se transporta en contenedor que se desconsolida en el almacén de la empresa transitaria. Por el contrario, no lo es cuando se trata de transportar la mercancía mediante camión de carga completa.

(Sigue en la página 106)

DPU *(delivered at place unloaded):* entregada en lugar descargada

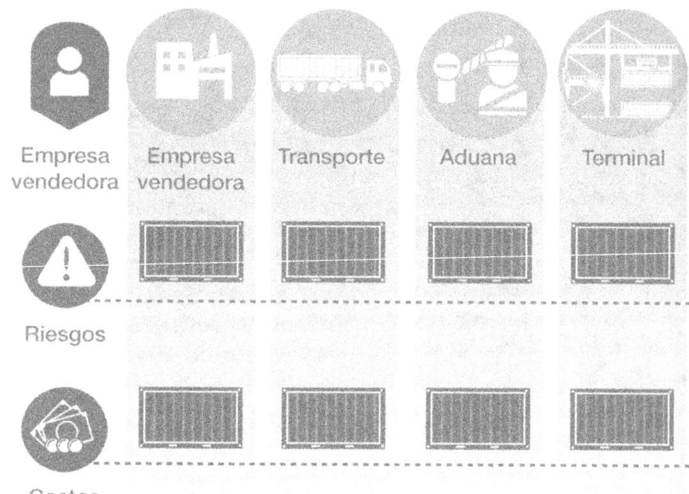

La empresa vendedora asume los costos y riesgos hasta entregar
la mercancía en el lugar de destino designado (terminal portuaria
o aeroportuaria, centro logístico, etc.), descargada del vehículo
de llegada. A partir de ese momento, los costos y riesgos corresponden
a la empresa compradora.

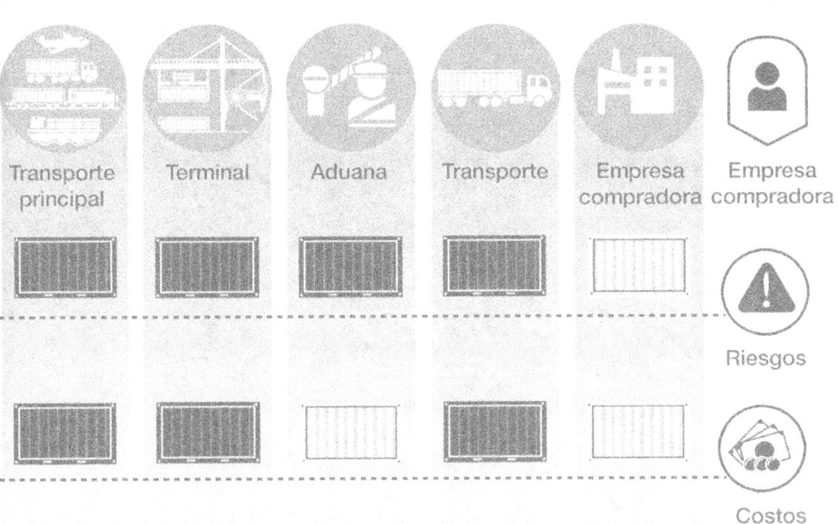

La empresa vendedora asume los costos y riesgos hasta entregar la mercancía en el lugar de destino designado (almacén, centro logístico, etc.), descargada del vehículo de llegada. A partir de ese momento, los costos y riesgos corresponden a la empresa compradora.

(Viene de la página 103)

Seguros

La regla DPU no obliga a contratar una póliza de seguro, pero ambas empresas han de decidir si aseguran los riesgos de la operación, la vendedora hasta la entrega de la mercancía, descargada del medio de transporte, y la compradora a partir de ese momento.

DDP *(delivered duty paid):* entregada derechos pagados

Lugar de entrega y transmisión de riesgos

En condiciones DDP, la empresa vendedora cumple con su obligación de entrega y transmite los riesgos al poner la mercancía, sobre el medio de transporte y sin descargar, a disposición de la compradora en un punto posterior a la terminal de llegada en el país de destino: fábrica, almacén, depósito, plataforma de distribución, etc. De este modo, la empresa vendedora asume los riesgos y costos derivados de todas las fases del transporte hasta el lugar de entrega acordado con la compradora.

Por su parte, la empresa compradora debe proporcionar a la vendedora una prueba de recepción de la mercancía. La empresa vendedora puede llegar a condicionar el pago de la última fase de transporte (habitualmente por carretera) a la obtención de dicha

(Sigue en la página 110)

DDP *(delivered duty paid):*
entregada derechos pagados

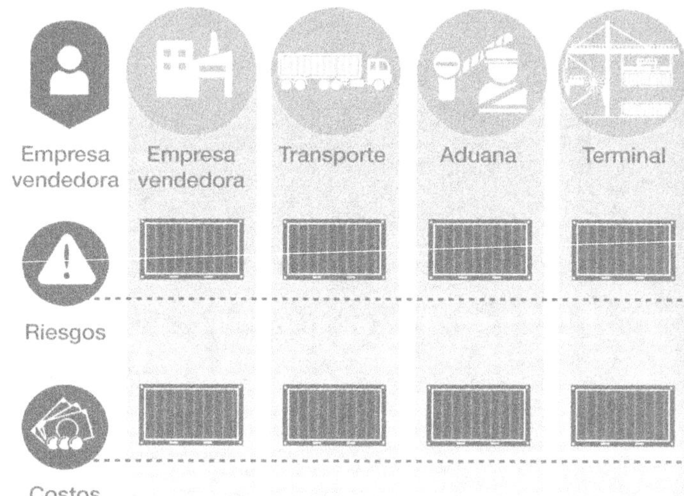

 Guía práctica de las reglas Incoterms 2020

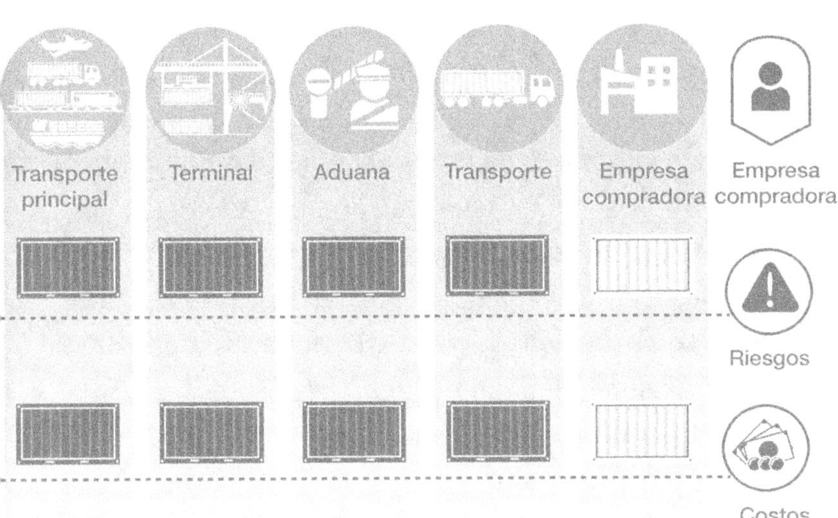

La empresa vendedora asume los costos y riesgos hasta entregar
la mercancía, despachada de importación, en el lugar de destino
designado (almacén de la empresa compradora u otro), sin descargarla
del vehículo de llegada. A partir de ese momento, los costos y riesgos
corresponden a la empresa compradora.

(Viene de la página 107)

prueba para asegurarse de que la mercancía ha sido efectivamente entregada a la empresa compradora en perfectas condiciones y en los términos que haya acordado con la empresa transportista.

En caso de que se pacte excluir de las obligaciones de la empresa vendedora el pago de alguno de los gastos derivados de la importación (por ejemplo, el IVA), debe hacerse constar claramente la mención DDP *VAT unpaid* (IVA no pagado) o DDP *VAT excluded* (IVA excluido), según convenga. De este modo, la empresa compradora asume el pago de dicho impuesto.

Despacho de aduanas

Adicionalmente a la gestión del despacho de exportación por parte de la empresa vendedora, la regla DDP añade al condicionado de la regla DAP la obligación de que esta gestione y asuma el despacho de importación y los impuestos que se derivan de él en el país de destino. Estas condiciones de entrega implican, pues, las máximas obligaciones para la empresa vendedora.

Modo de transporte y mercancías

La regla DDP es multimodal y permite su aplicación utilizando cualquier modo de transporte que se utilice o las posibles combinaciones entre ellos (carretera, marítimo, aéreo y ferroviario).

Seguros

La regla DDP no obliga a contratar una póliza de seguro, pero ambas empresas han de decidir si aseguran los riesgos de la operación, la vendedora hasta la entrega de la mercancía, sin descargar del medio de transporte, y la compradora a partir de ese momento.

Glosario de comercio
y logística internacional

abandono de mercancías

abandonment of goods

Acto por el que las mercancías extranjeras que no son oportunamente nacionalizadas o desaduanadas pasan a ser propiedad de la administración pública por abandono de las mismas, por abandono «expreso» o «presunto».

Acuerdo ATP

ATP Agreement

Acuerdo sobre transportes internacionales de mercancías perecederas y sobre los vehículos especiales utilizados en estos transportes. Su Anexo I indica las características que deben poseer los vehículos para mantener la mercancía a una determinada temperatura y el modo de comprobar sus variaciones con respecto al tiempo. El Anexo II regula las muestras y temperaturas de las mercancías perecederas y congeladas. Y, por último, el Anexo III, las condiciones de temperatura para transportar determinadas mercancías perecederas que no se recogen en el anexo anterior.

aduana

customs

Organismo dependiente de la Administración del Estado que autoriza o deniega las exportaciones e importaciones, temporales o definitivas, y los tránsitos de mercancías. La aduana realiza el despacho de las mercancías de acuerdo con la documentación que presenta el representante aduanero, la agencia de aduana o la empresa transitaria junto al documento aduanero de exportación (documento único administrativo o DUA, en el caso europeo, declaración aduanera o pedimento en México, por ejemplo). La aduana también recauda los aranceles y el IVA que afecte a las importaciones.

agencia de aduanas / representante aduanero

customs agent

Persona física o jurídica que, por cuenta de terceros, lleva a cabo ante la aduana los trámites necesarios en el despacho de las mercancías que se exportan o importan. El servicio de agencia de aduanas es uno de los que puede prestar una empresa transitaria.

agente transitario / agente de carga aérea

freight forwarder / air freight forwarder

Empresa operadora de transporte especializada en la organización y gestión, por encargo de la cargadora, de la cadena de transporte internacional de mercancías (o de parte de ella) en cualquiera de sus modos (aéreo, carretera, ferrocarril y marítimo).

Para su labor, subcontrata o realiza con medios y recursos propios todas las operaciones logísticas que ello conlleva: transporte físico de las mercancías, operaciones aduaneras, embalajes, consolidación y desconsolidación de cargas, almacenajes, seguros, trámites bancarios y documentarios, etc.

La actividad de la empresa transitaria, que comercializa y coordina todo tipo de transporte, se centra especialmente en el transporte en régimen de grupaje, además de ofrecer una amplia gama de servicios logísticos.

Cuando una empresa transitaria ejerce su actividad en el ámbito del transporte aéreo se denomina «agente de carga aérea». Comercializa las bodegas de las líneas aéreas, constituyendo un sistema de distribución de la carga aérea, y coordina la demanda de transporte aéreo de carga con la oferta de las compañías.

Para emitir contratos de transporte aéreo internacional y efectuar el cobro de los fletes, es imprescindible que el agente de carga aérea esté registrado y reconocido por la Asociación Internacional de Transporte Aéreo (IATA).

almacenista

warehouse manager

Persona física o jurídica cuya actividad consiste, de acuerdo con lo que se establezca en un contrato, en recibir en depósito y en locales adecuados los bienes o mercancías de terceros. Puede efectuar operaciones de ruptura de cargas, almacenamiento, custodia, manipulación, administración, control de existencias, preparación de pedidos y cualquier otra que se haya convenido. Inclusive puede actuar como operadora de transporte y realizar su posterior distribución en la forma, el tiempo y el lugar que determine el depositante, en virtud de un contrato de transporte (OT).

antidumping
antidumping

Medidas que toman los países importadores para defender a sus productores frente a los países exportadores que no aplican a sus productos precios de mercado. Los gobiernos utilizan estrategias colectivas como el código antidumping GATT (*General Agreement on Tariff and Trade* o Acuerdo General sobre Aranceles y Comercio), suscrito en 1947 por iniciativa de Naciones Unidas.

arancel aduanero común
common customs tariff

Conjunto de normas de la Comunidad Europea (CE) que regulan los derechos arancelarios que deben aplicar los estados miembros de la UE a las importaciones de terceros países.

arancel de aduana
customs tariff

Tasa aduanera que la administración pública puede hacer recaer sobre las importaciones, las exportaciones o el tránsito de una mercancía, así como los impuestos fiscales y disposiciones complementarias relacionadas.

avería gruesa
general average

Avería que se produce cuando, de forma intencionada y razonable, el capitán de un buque causa un daño extraordinario al mismo o a la carga con el fin de evitar un mal mayor. Un ejemplo de avería gruesa es cuando se echa una carga por la borda para impedir un naufragio. La pérdida o los gastos ocasionados por una avería gruesa se distribuyen proporcionalmente entre todas las partes que hayan resultado beneficiadas.

BAF
BAF

Siglas de *bunker adjustment factor* o ajuste de combustible. Ajuste en las tarifas que aplican las navieras por el incremento o descenso del precio del combustible, según el día en el que se efectúa la carga, expresado en porcentaje o como importe fijo por TEU transportado.

banco avisador
advising bank

Entidad financiera que, siguiendo instrucciones del banco emisor, autentifica la clave o las firmas que suscriben la apertura de un crédito documentario, comunica el crédito y sus características a la parte beneficiaria, y suele recibir los documentos solicitados en el clausulado del crédito.

banco confirmador
confirming bank

Entidad financiera que a solicitud del banco emisor o a petición de la empresa exportadora acepta en firme ante la beneficiaria de un crédito documentario el compromiso de pagar, aceptar o negociar si el banco emisor no paga y se cumplen los requisitos del crédito.

banco emisor
issuing bank

Banco que efectúa la apertura de un crédito documentario a favor de una parte beneficiaria, siguiendo instrucciones recibidas de otra ordenante.

banco pagador
paying bank

Entidad financiera, generalmente en el país de la empresa exportadora, que recibe el mandato del banco emisor de un crédito documentario para pagar o comprometerse al pago contra la presentación de la documentación exigida en relación con una compraventa internacional.

beneficiario/a
beneficiary

1. Titular a favor del cual se ha extendido un crédito documentario o

una entidad financiera está obligada a efectuar un pago.

2. Persona física o jurídica que percibirá una indemnización de una compañía aseguradora si se produce un siniestro.

bróker
broker

Agente intermediario o corredor de comercio que opera entre la empresa cargadora y la naviera, mediando entre ambas para conseguir el cierre de contratos, a cambio de una comisión por su trabajo.

buque de carga horizontal
roll-on/roll-off ship / ro-ro ship

Buque diseñado para el transporte de mercancías sobre medios rodantes utilizados en el transporte terrestre, como plataformas, remolques o semirremolques, camiones, vagones, etc., que se colocan a bordo por sus propios medios o mediante carretillas elevadoras o grúas. Sus bodegas están constituidas por un garaje de varios pisos comunicados por rampas o ascensores, al que se accede por la popa, la proa o por el costado.

buque feeder
feeder ship

Buque portacontenedores interoceánico, utilizado para transportar contenedores entre puertos oceánicos consolidadores o *hub* y puertos de menor tamaño o *feeder*, dentro de una misma área geográfica, mediante navegación de cabotaje.

buque portacontenedores
container ship / container carrier

Buque diseñado para el transporte de contenedores, distribuidos en su cubierta y en las bodegas. Estas se hallan divididas mediante mamparas en celdas o *bays* y disponen de guías para fijar el contenedor estibado. En función de su capacidad, las categorías de los buques portacontenedores son:

- Carguero o petrolero convertido (primera generación, 1956-1970): entre 500 y 800 TEU.
- Celular (segunda generación, 1970-1980): entre 1.000 y 2.500 TEU.
- *Subpanamax:* entre 2.000 y 2.999 TEU.
- *Panamax* (tercera generación, 1980-1988): entre 3.000 y 5.000 TEU.

- *Postpanamax* (cuarta generación, 1988-2000): entre 4.000 y 5.000 TEU.
- *Superpostpanamax* (quinta generación, 2000-2008): entre 4.500 y 10.000 TEU.
- *Suezmax* (sexta generación, 2007): entre 10.000 y 12.000 TEU.
- *Malacamax* (séptima generación): hasta 20.000 TEU.

En función del servicio que prestan pueden clasificarse en:

- Portacontenedores transoceánicos, que realizan las principales rutas de navegación internacional transoceánica y viajan entre los puertos concentradores.
- Buques alimentadores, que viajan entre puertos oceánicos concentradores o hub y puertos de menor tamaño o feeder, dentro de una misma área geográfica.

buque *tramp*

tramper ship

Buque dedicado al transporte de mercancías desde los puntos de entrega de la misma, sin cubrir regularmente una ruta fija.

CAD

CAD

Siglas de *cash against documents* o pago contra documentos. Modo de pago en operaciones de compraventa internacional mediante un sistema de carta de crédito simplificada, no tan segura como una carta de crédito convencional, donde el banco entrega los documentos a la empresa importadora en el momento en que esta paga el importe de la mercancía.

CAF

CAF

Siglas de *currency adjustment factor* o ajuste por compensación de cambio que aplican las compañías de transporte sobre el flete, según el día en el que se produce la carga, por diferencias de cambio de divisas, en sentido positivo o negativo.

carga

cargo

Conjunto de mercancía que se transporta en un vehículo o medio de transporte, o que se manipula mediante un elemento de manutención (carretilla, grúa, etc.). La naturaleza, la cantidad, la forma, el volumen o el peso de las mercancías, entre otras características físicas, definen diferentes tipos de cargas. No se considera carga a los equipajes, el correo, los materiales del personal de conducción o la tripulación y las provisiones.

carga completa
full load

Denominación que se da a la contratación y el llenado por la empresa cargadora de una unidad completa de transporte que viajará de origen a destino: un barco, un avión, un vagón ferroviario o un camión. Esta modalidad de transporte puede clasificarse en carga a granel y carga embalada.

Habitualmente, en el transporte de carga completa, desde la recepción de las mercancías hasta su entrega en destino, la empresa transportista se ocupa exclusivamente de la ejecución del transporte propiamente dicho, sin realizar actividades previas o complementarias como la carga o descarga, la manipulación, el almacenamiento, la consolidación, la clasificación o el embalaje.

carga fraccionada
break bulk cargo

Mercancía acondicionada para su manipulación y transporte que se presenta formando bultos individuales y sueltos, como cajas, fardos, sacos, barriles, paquetes, atados, etc.

cargador/a
shipper / consignor

Persona física o jurídica que por sí misma, o por mediación de otra en cuyo nombre actúa (la remitente), hace entrega de las mercancías al medio de transporte, o bien quien solicita el servicio de transporte a la empresa transportista o porteadora, figurando así en la carta de porte o documento análogo, con el fin de que dichas mercancías sean transportadas y entregadas a una destinataria en el destino pactado. La cargadora o expedidora puede ser, por tanto, propietaria o no de la mercancía que se deba transportar.

centro de carga aérea
airport cargo centre

Plataforma logística aeroportuaria especializada en el intercambio modal aire-tierra y en el tratamiento de mercancías de carga aérea de tráfico nacional o internacional, donde diferentes empresas operadoras y de servicios ejercen actividades relacionadas con el transporte, la distribución de mercancías y otras actividades logísticas (almacenamiento, manipulación, preparación de pedidos, etc.). Dispone de un área multimodal de primera línea (terminales de carga general e integradoras) junto con una zona de segunda línea (servicios adicionales al despacho de carga). También puede disponer de una zona de tercera línea (área de distribución para empresas cargadoras).

centro logístico
logistics centre
Zona especialmente delimitada en la que ejercen actividades diferentes empresas operadoras del transporte, la logística y la distribución de mercancías, tanto para tráficos nacionales como internacionales, así como empresas industriales. Suele constar de diversas áreas funcionales y se caracteriza por:

- Disponer de áreas con equipamientos para la ruptura de cargas en la cadena de transporte.
- Reunir las instalaciones adecuadas para consolidar o desconsolidar las mercancías.
- Ser un punto de conexión con áreas intermodales, especialmente ferrocarril-carretera, o hallarse vinculada directamente a las redes de los distintos modos de transporte.
- Estar en un *hinterland*, zona de desarrollo industrial y consumo para facilitar la distribución y el aprovisionamiento de las mercancías.
- Poseer los suficientes servicios para la mercancía, el personal de conducción u otros usuarios del centro.

Las empresas usuarias disponen habitualmente de servicios comunes, tales como almacenes generales, facilidades para la contratación de cargas, empresas de servicios y de soporte a la gestión (talleres, gestorías, asesorías, etc.).

certificado AE1
AE1 certificate
Documento que en los países de la Comunidad Europea (CE) sustituye al certificado de origen cuando la expedición se realiza por vía terrestre o marítima.

certificado de origen
certificate of origin
Documento emitido por una entidad oficial o una cámara de comercio que certifica el país donde unas determinadas mercancías han producidas, manufacturadas o transformadas.

certificado de peso
certificate of weight
Documento en el que se hace constar el peso neto y bruto de cada bulto de una expedición.

certificado de recepción del transitario
forwarders certificate of receipt (FCR)
Documento que la empresa transitaria emite y entrega a la cargadora, también conocido como FCR *(forwarders certificate of receipt)*, donde acredita que se ha hecho cargo de una expedición con instrucciones de hacerla llegar o tenerla a disposición de una destinataria, y en el que se hace constar la descripción de la carga. Sea quien fuere su poseedor, el FCR no puede ser nunca objeto de negociación por parte de la cargadora ni de la destinataria. Es un documento de la Fiata y está reconocido por la Cámara de Comercio Internacional (CCI).

certificado de seguro
insurance certificate
Certificación expedida por una aseguradora en relación con una póliza flotante, mediante la cual acredita la cobertura de una mercancía en un envío determinado. En operaciones de compraventa internacional, se exige en los pagos mediante carta de crédito.

certificado sanitario
sanitary certificate
Documento expedido por un organismo competente de un país exportador o importador acreditando el estado sanitario de la mercancía analizada, que está

exenta de unas determinadas materias o que cumple con la normativa sanitaria vigente.

certificado SOIVRE
SOIVRE certificate
Documento extendido en España por el Servicio Oficial de Inspección, Vigilancia y Regulación de las Exportaciones (SOIVRE), constituido por los centros de Inspección de Comercio Exterior. Entre los fines del SOIVRE están la inspección de la calidad comercial (productos, envases, etiquetado, etc.), el examen documental y el control de los productos de exportación e importación.

coeficiente de estiba
stowage factor
Relación que existe entre el peso y el volumen de una mercancía que se debe transportar. Es diferente para cada modo de transporte:

Aéreo: 1 t = 6 m^3 / 1 m^3 = 166,66 kg.
Carretera: 1 t = 3 m^3 / 1 m^3 = 333,33 kg.
Ferroviario: 1 t = 4 m3 / 1 m3 = 250 kg.
Marítimo: 1 t = 1 m3 / 1 m3 = 1.000 kg.

condiciones de línea regular
liner terms
Cláusula contractual de carga y descarga o término de embarque de transporte marítimo referida a las condiciones que sean de aplicación en los buques de línea regular. Una condición habitual consiste en que la carga se recibe y se entrega al costado del buque, con los gastos y riesgos de la carga, estiba, desestiba y descarga a cargo de la empresa fletante (naviera).

conocimiento de embarque a la orden
order bill of lading
Modalidad de conocimiento de embarque, en la que la persona física o jurídica propietaria de la mercancía (la poseedora del documento) puede hacer este documento nominativo (mediante su endoso), ponerlo a la orden de otra firma o dejarlo con el endoso firmado en blanco.

conocimiento de embarque aéreo
air waybill (AWB)
Documento que emite la compañía aérea o un agente de car-

ga aérea IATA (International Air Transport Association) mediante el que se instrumenta y formaliza el contrato de transporte aéreo de mercancías. Se identifica con las siglas AWB *(air waybill)* y cumple las funciones siguientes:

- Identifica a las partes que intervienen y las mercancías objeto de transporte.
- Es un acuse de recibo de las condiciones en que se ha recibido la mercancía.
- Especifica las condiciones en que la compañía aérea se obliga a transportar la mercancía al aeropuerto de destino, con las instrucciones de manejo que deba conocer el personal que intervenga en el transporte.
- Es una declaración para el despacho aduanero.
- Puede emplearse como certificado de seguro, si lo solicita la empresa expedidora.

La carta de porte aéreo no es negociable ni confiere la titularidad de la mercancía y se emite siempre nominativa a la persona física o jurídica destinataria. La información que contiene es aportada por la empresa expedidora y su uso está exclusivamente relacionado con las necesidades logísticas y contractuales del transporte.

conocimiento de embarque al portador
bearer bill of lading

Modalidad de conocimiento de embarque en la que la persona física o jurídica poseedora del documento es, a todos los efectos legales, la propietaria de la mercancía.

conocimiento de embarque marítimo
bill of lading (BL)

Es el documento mediante el que se instrumenta y formaliza el contrato de transporte marítimo de mercancías, equivalente a la carta de porte en el transporte terrestre.

El conocimiento de embarque, que expide, firma y sella la compañía porteadora o su representante, cumple las funciones siguientes:

- Constituye el contrato de transporte entre una parte fletadora y otra fletante.

- Es un título valor que representa la posesión de las mercancías embarcadas en una línea regular.
- Acredita la recepción de las mercancías o que estas han sido cargadas en el medio de transporte, con destino al punto final que se declara, es una prueba del estado de las mismas y permite a su tenedor disponer de ellas durante el viaje.
- Permite al tenedor reclamar la entrega de la mercancía.
- Es un documento transferible y negociable cuando se extiende a la orden o al portador, y no lo es cuando se extiende nominativo.

conocimiento de embarque nominativo
named bill of lading
Modalidad de conocimiento de embarque, no endosable, que se extiende a nombre de una persona determinada, la cual, una vez identificada y tras la presentación de un original del conocimiento de embarque, podrá hacerse cargo de la mercancía.

conocimiento Fiata negociable para el transporte multimodal
negotiable Fiata multimodal transport / Fiata bill of lading (FBL)
También conocido como FBL (siglas de *Fiata bill of lading)*, es un documento que expide la empresa transitaria y que formaliza el contrato de transporte internacional de mercancías intermodal entre esta y la cargadora, conteniendo en el reverso su clausulado. Cumple asimismo la función de acuse de recibo del estado de la mercancía, declaración de despacho aduanero y certificado de seguro, si la empresa exportadora lo solicita. Si se emite «a la orden» puede ser objeto de negociación por parte de quien lo posee. Las responsabilidades e indemnizaciones asumidas por la transitaria en caso de siniestro son las que correspondan al modo de transporte utilizado en el momento del daño o pérdida. Está regulado por el Convenio de Ginebra de 1980 y reconocido por la Cámara de Comercio Internacional (CCI).

consignatario/a

ship broker /ship's agent

Persona física o jurídica que en nombre y por cuenta de la naviera actúa como depositaria de las mercancías mientras estas se hallan en la terminal portuaria, asumiendo su recepción y entrega, y el cobro de los fletes. Asimismo, presta servicios al buque y a su tripulación (autorizaciones y gestión de entrada y salida del puerto, aprovisionamiento, operaciones de carga y descarga, despachos documentales, gestión de tripulaciones, negociación, gestión y liquidación de fletes, etc.), y realiza las gestiones relacionadas con la presencia del mismo en el puerto. Es habitual que realice la gestión comercial de la línea o las líneas que representa.

contenedor completo

full container load (FCL)

Cláusula de transporte marítimo de contenedores, también expresada por las siglas FCL *(full container load),* que se utiliza para expediciones en que el contenedor contiene mercancía de una sola empresa expedidora o cargadora. Esta puede consolidar y precintar el contenedor en sus propias instalaciones o en las de una empresa consolidadora. En el conocimiento de embarque FCL, la naviera acusa recibo del contenedor para transportarlo, pero sin comprometerse en relación con su contenido. La indicación FCL-FCL en la documentación de embarque manifiesta que el contenedor se ha consolidado por la expedidora y se desconsolidará en el almacén de la destinataria.

contenedor de transporte / contenedor marítimo

freight container / shipping container

Recipiente de transporte de carácter permanente y capacidad interior no menor de un metro cúbico, capaz de asegurar un uso repetido, sin ruptura de la carga en caso de trasbordo a diferentes modos o vehículos de transporte. Es apilable y permite la transferencia horizontal o vertical.

Existen modelos de contenedor diseñados para cada necesidad del transporte, provistos de dispositivos que permiten un manejo adecuado, particularmente en el traspaso entre modos de transporte, y un fácil llenado y vaciado. Se utilizan cinco tamaños principales: de 45, 40, 30, 20 y 10 pies, con capacidad para mercancías con un peso de 40, 30, 25, 20 y 10 t, respectivamente. En atención a la composición de la carga, se distinguen dos tipos: FCL *(full container load)*, contenedor completo, y LCL *(less than container load)*, de grupaje o carga fraccionada.

contenedor seco o de carga general

dry container / general purpose container

Es el contenedor de uso más frecuente para cargar mercancía general seca y unitizada mediante palés, cajas, barriles, etc. Es estanco y cerrado, con suelo, techo, paredes laterales y de los extremos rígidos. Está dotado de puertas en el testero y se carga a través de ellas con ayuda de carretillas o transpalés. No se utiliza habitualmente en el transporte aéreo de carga. Se fabrica en acero. Su anchura exterior es de 8′ y su longitud exterior puede ser de 20, 40 o 45′, y la altu-

ra, de 8′6″ o 9′6″ (en cuyo caso se considera de gran capacidad).

contingente

quota

Volumen de mercancías que pueden importarse o transportarse, durante un periodo de tiempo, en determinadas condiciones.

Convenio ADR

ADR Convention

Convenio internacional sobre el transporte de mercancías peligrosas por carretera. Señala las mercancías consideradas especialmente peligrosas y aquellas que, aun siéndolo, pueden transportarse si se tienen en cuenta las indicaciones de los anexos del convenio. Estos hacen referencia al etiquetaje y embalaje y a la construcción, equipamiento y operatividad del vehículo transportador.

Convenio CMR

CMR Convention

Convenio sobre el contrato de transporte internacional de mercancías por carretera, conocido por las siglas CMR (acrónimo de *Convention relative au contrat de transport international de marchandises par route)*. La formalización de dicho contrato se realiza mediante la «carta de porte internacional». Excluye los transportes postales, los funerarios y los de mudanzas.

Convenio SOLAS
SOLAS Convention
SOLAS es el acrónimo de *International Convention on Safety of Life at Sea* o «Convenio internacional para la seguridad de la vida humana en el mar», promovido por la Organización Marítima Internacional (OMI).

Convenio TIR
TIR Convention
Convenio de ámbito aduanero sobre el transporte internacional de mercancías por carretera. Permite transportar una carga precintada desde una aduana del país de origen hasta otra del país de destino, pudiendo ser ambas interiores, sin que en las posibles fronteras sucesivas sea necesario ningún otro trámite que el sellado del cuaderno TIR.

costo de sobrestadía
demurrage
Cargo abonado por retrasos en la carga, la descarga o por ocupar un espacio portuario o de almacenamiento durante más tiempo del previamente convenido.

crédito documentario
letter of credit (L/C)
Forma de pago garantizada en una compraventa internacional de mercancías, mediante la que la empresa importadora ordena a su banco (banco emisor) que proceda al pago de la operación cuando el banco de la exportadora presente la documentación acreditativa del envío de la mercancía en los términos acordados.

cuaderno ATA
ATA carnet
Documento aduanero que expiden las cámaras de comercio con el fin de facilitar las cuatro operaciones aduaneras de ida y retorno de un envío de exportación temporal. Permite la libre admisión exenta de derechos de importación de una extensa cate-

goría de mercancías que pueden clasificarse en:

- Mercancías que deben ser presentadas o utilizadas en ferias, exposiciones comerciales y actos similares.
- Muestras comerciales.
- Material profesional.

declaración de aduana
customs entry / customs declaration
Documento que presenta la empresa importadora o su agencia de aduanas o transitaria para efectuar el despacho de las mercancías.

depósito aduanero público
bonded warehouse
Espacio cerrado, autorizado por la administración pública del país donde se ubica, utilizable por cualquier persona física o jurídica, destinado a almacenar mercancías en régimen especial, que posteriormente se destinarán a otros regímenes u operaciones aduaneros. El uso de un depósito aduanero permite diferir el pago del IVA de importación así como el de los aranceles que pudieran existir hasta la venta o consumo de una mercancía. El plazo de almacenamiento puede ser ilimitado y pueden autorizarse operaciones de reembalado de bultos, conservación y acondicionamiento de las mercancías, siempre sujetas a control aduanero.

Puede ser privado, de uso exclusivo para un único titular, o público, en cuyo caso puede ser utilizado por cualquier persona física o jurídica.

derecho arancelario
customs duty
Gravamen sobre las mercancías en la frontera del país de destino en una operación de comercio internacional. Tiene como objeto proteger los productos internos de la competencia exterior. Existen dos tipos de gravamen: *ad valorem* o específicos, y compuestos o mixtos.

desconsolidación de cargas
break bulk
Operación de desagrupar una unidad de carga o transporte, con el resultado de disponer separadamente de las unidades que componían la carga consolidada (un palé o un contenedor, por ejemplo).

desestiba

unstowage

Operación contraria a la estiba, mediante el movimiento de la mercancía desde su emplazamiento en el medio de transporte, preparándola para su descarga efectiva.

despacho de aduanas

customs clearance

Conjunto de tramitaciones y operaciones logísticas que deben realizarse sobre las mercancías en un recinto aduanero para gestionar la entrada o salida física de las mismas en un determinado territorio (país, área económico-fiscal, etc.).

documento aduanero de exportación

customs export document

Documento administrativo que se emplea como declaración de importación o exportación. En cada país puede recibir una denominación distinta: declaración aduanera o pedimento, en México, o documento único administrativo o DUA, en el caso europeo, por ejemplo.

documento único administrativo (DUA)

single administrative document (SAD)

Documento administrativo que se utiliza en la Unión Europea como declaración de importación y exportación con terceros países y, por tanto, como base para la declaración tributaria ante la Administración. Consta de nueve ejemplares numerados, con distintos usos: aduana, estadística, persona física o jurídica interesada y levante de la mercancía. Se trata de una declaración documental vinculante respecto a la fiscalidad de las empresas exportadora e importadora, ya que identifica una salida de mercancías propiedad de la exportadora del territorio fiscal y de la UE hacia un tercer país, o una entrada procedente de un tercer país en el caso de una importación.

dumping

dumping

Exportación que se realiza por un valor inferior al coste del producto o servicio, en ocasiones mediante subvenciones directas o indirectas de la Administración a la entidad exportadora, con el fin de adueñarse de un mercado extranjero en perjuicio de las empresas productoras del país importador.

EDI
EDI

Siglas de *electronic data interchange*, o «intercambio electrónico de datos». Sistema de transferencia de datos que utiliza medios electrónicos mediante protocolos preestablecidos, formando conjuntos de mensajes, entre organizaciones u organismos de una misma cadena de suministro o entre unidades físicamente separadas de una misma organización.

embalaje
packing

Conjunto de acciones que consiguen una cobertura exterior para la mercancía que la proteja, la mantenga agrupada y la haga fácilmente manejable e identificable. Como resultado de la acción de embalar se obtiene una unidad de carga (caja, saco, contenedor, etc.) que persigue:

- Proteger la mercancía durante su almacenamiento y contra los riesgos del transporte.
- Facilitar su manipulación y recepción, de forma que pueda ser manejada con medios manuales o mecánicos.
- Equilibrar el coste de la protección con la calidad de la misma.
- Permitir a remitente y destinatario la fácil identificación de la mercancía, así como sus características esenciales, siguiendo normas internacionales.
- Facilitar la inspección aduanera mediante cajetines adosados que permitan la toma de muestras, etc.
- Disminuir los riesgos para las personas, evitando desplazamientos interiores mediante los materiales de «calce», eliminando aristas vivas, etc.

estiba
stowage

1. Del latín *stipare* (amontonamiento), es la operación de mover, colocar, distribuir, proteger y fijar adecuadamente una mercancía (unidad de carga o granel), en una unidad de transporte de carga (contenedor de transporte, caja del camión, etc.) o en un vehículo de transporte para

evitar o minimizar su posible daño, facilitar las descargas y proteger a las personas o las cosas.

2. *Transporte marítimo.* Movimiento de la mercancía, desde que se halla suspendida en el costado del buque hasta que se encuentra definitivamente emplazada a bordo del mismo, de manera que no pueda desplazarse ni sufrir daños o deterioros, ocupando el menor espacio posible, y dispuesta para que después pueda manipularse con facilidad.

3. *Almacenamiento.* Acción de colocar una unidad de carga en su ubicación en un almacén.

EUR-1
EUR-1

Certificado de origen o circulación expedido por la aduana de exportación que permite aplicar en la aduana del país de destino reducciones de aranceles en virtud de los acuerdos bilaterales que existan entre ambos países.

factor de carga
load factor

Relación resultante de dividir la cantidad de carga que transporta un vehículo por su capacidad de carga máxima. Dicha cantidad de carga puede expresarse en masa (toneladas, libras, etc.), en volumen (metros cúbicos, litros, galones, etc.) o en unidades de carga (palés, botellas, cajas, etc.)

factura pro forma
pro forma invoice

Borrador o propuesta de factura donde se hace constar la expresión «pro forma», sin validez legal ni fiscal, que expide la empresa vendedora a la compradora con los datos e informaciones necesarios para acordar una operación de compraventa. El contenido de la factura pro forma es similar al de la factura comercial. Puede substituir a la oferta comercial y ser aceptada por la parte compradora confirmando con ello todos los datos de la venta. En el caso de operaciones de compraventa internacional, la remite la parte exportadora a la importadora para que esta pueda gestionar algunas tramitaciones, como solicitar un crédito documentario o una licencia de importación. También puede ser utilizada para acompañar el envío de muestras que no tienen valor comercial.

FILO
FILO

Siglas de *free in/liner out*, cláusula contractual de carga y descarga o término de embarque de transporte marítimo mediante la que la empresa fletadora (compradora del flete) asume expresamente los riesgos y la ejecución de las operaciones de carga y estiba en el puerto de carga, abonando sus costos, mientras que la compañía naviera o fletante asume los riesgos y la ejecución de la desestiba y descarga en el puerto de destino. La obligación de custodia de la carga por la fletante se inicia a bordo del buque en el puerto de carga, y finaliza con la entrega de la misma en el muelle, al costado del buque, en el puerto de descarga.

FIOS
FIOS

Siglas de *free in and out stowed* o «libre de estiba y desestiba», cláusula contractual de carga y descarga o término de embar-

que de transporte marítimo de iguales características que la FIO, donde se precisa que la estiba es de responsabilidad exclusiva de la empresa fletadora (compradora del flete), siendo esta quien corre con el coste de la colocación de la carga en las bodegas del buque.

FIOST
FIOST

Siglas de *free in and out, stowed and trimmed* o «libre dentro, estibado, trimado y puesto fuera del buque», cláusula contractual de carga y descarga o término de embarque de transporte marítimo de iguales características que la FIO, donde se precisa que la estiba y el trimado son de responsabilidad exclusiva de la empresa fletadora (compradora del flete), siendo esta quien corre con el coste de la colocación y el enrasado de la carga en las bodegas del buque.

flete
freight

Retribución que la empresa responsable de la explotación del medio de transporte (marítimo, terrestre o aéreo) percibe por el transporte y la entrega de la mercancía, o por el alquiler de un buque o de una parte de éste. Puede ser pagado o debido, mediante lo que se establece si el pago se hace en el lugar de origen o en el de destino, respectivamente. La base de cálculo más utilizada es la tonelada, pero se emplea el metro cúbico si el cálculo es por volumen.

GATT
GATT
Siglas de *General Agreement on Tariffs and Trade* o Acuerdo General sobre Aranceles y Comercio, suscrito en 1947 por iniciativa de Naciones Unidas. Su finalidad es fomentar la expansión del comercio internacional mediante la reducción o supresión de las barreras aduaneras. Se articula como un acuerdo multilateral, con un código común de conducta que facilite mecanismos que reduzcan y estabilicen las tarifas arancelarias y la resolución de problemas en el comercio internacional. Supuestamente, ello debería fomentar el desarrollo económico mediante el incremento de la producción, la optimización de los recursos mundiales, el pleno empleo y la mejora de los niveles de vida.

grupaje / consolidación de carga
groupage / consolidation
Procedimiento de transporte mediante la expedición de partidas de distintos remitentes, de diferente peso, clase o volumen, que por sí solas no ocuparían un equipo o medio de transporte, y que se acondicionan como una única unidad física de manipulación y circulación, con el fin de facilitar su expedición y transporte hacia un destino común (país, ciudad, puerto, aeropuerto, etc.), generalmente un centro desconsolidador desde donde se reexpiden a una destinataria final. En este tipo de transporte, aparte de la función propia de traslado, desde la entrega de las mercancías por la expedidora hasta su entrega a la destinataria, la operadora de transporte acostumbra a realizar trabajos previos o complementarios, relacionados con el carácter fragmentario de la carga;

por ejemplo: la manipulación, el almacenamiento, la consolidación, la clasificación o el embalaje.

importación temporal
temporary import

En la Unión Europea, procedimiento aduanero que permite introducir en un país determinadas mercancías para su posterior reexpedición al extranjero o a un puerto, zona franca o depósito franco. Este régimen de importación queda cancelado cuando se exportan las mercancías fuera de la Unión Europea, cuando acceden a un depósito franco o aduanero, o si se despachan a consumo para distribuirse en el mercado.

Incoterms (reglas)
Incoterms rules

Incoterms es el acrónimo de *International Commerce Terms*, reglas comerciales fijadas por la Cámara de Comercio Internacional (CCI). En una operación de comercio internacional, expresan las obligaciones y los derechos que aceptan las partes compradora y vendedora en cuanto a las distintas fases del proceso de transporte elegido y las condiciones acordadas para la entrega de las mercancías. Están constituidas por once reglas distintas.

levante de la mercancía
customs release (note)

Puesta a disposición de una mercancía por parte de la administración aduanera, una vez satisfechas las tramitaciones administrativas o económicas de acuerdo con el régimen aduanero a que esté sometida. En tanto el documento de "levante" no haya sido expedido, las mercancías no pueden ser retiradas ni manipuladas, sin previa autorización de la autoridad aduanera.

licencia de exportación
export licence

Licencia que la Administración de algunos países exige a las empresas exportadoras, en especial para la exportación de mercancías peligrosas y productos que pueden destinarse a fines ilícitos.

licencia de importación
import licence

Licencia que la Administración de algunos países exige a las empresas importadoras para poder importar determinadas mercancías contingentadas, peligrosas y productos que pueden destinarse a fines ilícitos.

LIFO
LIFO

Siglas de *liner in, free out*, cláusula contractual de carga y descarga o término de embarque de transporte marítimo, opuesta a la FILO, mediante la que la naviera o fletante asume los riesgos y el costo de las operaciones de carga y estiba de la mercancía en el puerto de origen, mientras que la desestiba y descarga en el puerto de destino son por cuenta de la mercadería, esto es de la empresa fletadora (compradora del flete), la destinataria o su consignataria. La obligación de custodia por la fletante se inicia con la recepción de la carga en el muelle, al costado del buque, en el puerto de carga, y finaliza con la entrega de la mercancía a bordo del buque en el puerto de descarga.

LILO
LILO

Siglas de *liner in/liner out; full liner terms* o «condiciones de línea completas», cláusula de transporte marítimo referida a que el flete de una carga incluye los gastos de estiba en el puerto de carga, así como los de desestiba en el de descarga.

lista de contenido
packing list

Documento emitido por la empresa remitente que incluye una relación detallada de las mercancías que se envían en una expedición, bien sea por medio de un vehículo de transporte o en un contenedor. Se especifica el número de bultos, marcas, especies, numeración, contenido de cada uno de ellos, unidades envasadas, tipo de embalaje, peso neto y bruto, etc. Su finalidad es poder verificar la correcta recepción de las mercancías en el lugar donde se realice la entrega o la desconsolidación de la unidad de carga o transporte. En operaciones de comercio internacional, lo emite la empresa exportadora para facilitar la labor de inspección y reconocimiento del embarque detallado en la factura comercial.

manifiesto

manifest

Relación descriptiva de toda la mercancía que se halla a bordo del buque, así como de sus materiales y de las pertenencias de la tripulación. Obra en poder del capitán, quien lo entrega al resguardo para que lo remita a la aduana. Posteriormente, en presencia del agente consignatario del buque, se coteja el manifiesto con el premanifiesto para elaborar el manifiesto definitivo, documento a partir del cual se liquidarán los despachos efectuados. Debe actualizarse en cada puerto donde se produce una carga o descarga de mercancías.

naviera/o

shipping company / shipowner

Persona física o jurídica encargada de la ejecución física del transporte marítimo, responsable del avituallamiento del buque y de aportar los recursos necesarios para su mantenimiento. Puede ser o no propietaria del buque.

En los tráficos de transporte ocasional o *tramp* este es generalmente su único cometido, pues incluso las operaciones de estiba/desestiba y carga/descarga suelen ser por cuenta de la empresa cargadora. El servicio ofertado es «puerto a puerto» o en «flete FIOS», que es la condición más habitual en los tráficos *tramp* de fletamentos por viaje.

En los tráficos de línea regular, la naviera es generalmente la propietaria del buque y de los contenedores. Puede comercializar sus bodegas directamente, por medio de agencias locales propias o delegaciones; o indirectamente, a través de empresas consignatarias o transitarias.

operación triangular

cross trade

En las operaciones triangulares o de *cross trade* intervienen una empresa vendedora, una compradora y una fabricante del producto objeto de transacción, cada una de ellas ubicada en un país distinto. A la complejidad de gestionar el transporte de la mercancía se añade que, habitualmente, a la empresa vendedora le interesa figurar como proveedora exclusiva ante su cliente. Además, con frecuencia se han de coordinar distintos envíos con origen en diferentes países que se deben entregar en las instalaciones del cliente final, en el país de destino, como un suministro integral de productos, de manera consolidada y como si se tratara de una sola expedición.

operador económico autorizado (OEA)

authorised economic operator (AEO)
Figura profesional provista de una certificación otorgada por la Administración pública que tiene la finalidad principal de garantizar la seguridad de la cadena logística internacional, especialmente la de las personas físicas y jurídicas directamente relacionadas con el comercio internacional, los bienes y el medioambiente.

Aunque cualquier operador económico puede optar a obtener dicha certificación, generalmente, se consideran merecedoras de la misma las actividades de fabricación, exportación e importación, transporte, expedición, representación aduanera, almacenaje, estiba, servicios de línea marítima, consolidación de cargas, manipulación de contenedores y operaciones de terminal de transporte, entre las más significativas.

En el caso de la Unión Europea y en países como Guatemala o Chile, mediante la figura de operador económico autorizado se pueden obtener tres posibles certificaciones:
- OEA Simplificaciones aduaneras.
- OEA Seguridad y protección.
- OEA Simplificaciones y seguridad.

Existen figuras similares en otros países, como en México, NEEC (siglas de Nuevo Esquema de Empresas Certificadas), y en Estados Unidos, C-TPAT (siglas de Customs-Trade Partnership Against Terrorism), por ejemplo.

Entre sus principales ventajas, una certificación de operador económico autorizado permite:
- Disminución de controles físicos y documentales.
- Prioridad en los controles físicos y documentales.
- Posibilidad de elegir el lugar de la inspección aduanera.
- Despacho nacional centralizada.
- Facilidades en procedimientos aduaneros simplificados.
- Comunicación con la administración aduanera.

operador logístico
logistics operator
Empresa de ámbito nacional o internacional cuya oferta de servicios logísticos puede abarcar las operaciones en cualquier medio de transporte de mercancías, el almacenamiento y la manutención, los servicios auxiliares del transporte, el tránsito, los trámites aduanales, la distribución física, el fraccionamiento de las cargas, el grupaje, la gestión de existencias, la preparación de pedidos, el embalaje y etiquetaje, la organización y gestión de los sistemas de información y de los flujos de mercancías, además de operaciones de carácter administrativo como la facturación, el fletamento y otros servicios de ingeniería logística.

palé
pallet
Elemento portátil para constituir cargas unitarias, formado por una plataforma horizontal, con entrada para las horquillas de las carretillas u otros aparatos de manutención. En México se conoce como tarima. Puede ser de madera, metal, plástico, cartón, y ser reutilizable o no.

Los formatos de palé más comunes son:
- ISO o americano (1.000 × 1.200 mm).
- Europalé (EUR) (800 × 1.200 mm).
- 600 × 800 (medio palé).
- 1.200 × 1.800 (palé marítimo).

Tipos de palé:
- Dos entradas, doble cara reversible.
- Dos entradas, doble cara no reversible.
- Dos entradas, cara única no reversible.
- Cuatro entradas, doble cara reversible.
- Cuatro entradas, doble cara no reversible.

Otras características:
- Reversibles. Las partes superior e inferior del palé son iguales y las mercancías pueden colocarse, indistintamente, sobre cualquiera de las dos caras.
- No reversibles. Cuando las partes superior e inferior del palé son desiguales.
- Con pestañas. Pueden tener salientes para fines diversos: la colocación del fleje, la su-

jeción de una película plástica estirable, etc.
- Sin pestañas. Sin salientes.

perfeccionamiento activo
active improvement
Régimen aduanero utilizado para la importación de mercancías sin el pago de los derechos de importación o de cualquier otro gravamen con el fin de destinarlas a la transformación, cumpliendo los requisitos técnicos necesarios y efectuando las manipulaciones previstas legalmente, sin que todo ello se vea afectado por medidas de política comercial, salvo prohibición expresa, del territorio económico-fiscal donde se importan.

perfeccionamiento pasivo
passive improvement
Régimen aduanero utilizado para la exportación temporal de mercancías con el fin de someterlas a operaciones de perfeccionamiento en otro territorio económico-fiscal y reintroducirlas en el propio, con exención total o parcial de los derechos de importación. Se utiliza especialmente para la manufactura o transformación de productos, con operaciones de montaje, ensamblaje, adaptación, e incluso su reparación y revisión final.

peso bruto del contenedor
verified gross mass (VGM)
Requisito, jurídicamente vinculante, de realizar la verificación del peso bruto del contenedor como condición para la carga en el buque, impulsado por la Organización Marítima Internacional (OMI), mediante la Resolución MSC.380 (94), en el marco del del Convenio Internacional para la Seguridad de la Vida Humana en el Mar o Convenio SOLAS.

Esta resolución obliga a que toda entidad expedidora (persona física o jurídica mencionada en el conocimiento de embarque como expedidora o la persona que haya concertado, o en cuyo nombre o por cuenta de la cual se haya concertado, un contrato de transporte de mercancías con una compañía naviera) está en la obligación de verificar el peso bruto de los contenedores llenos. Asimismo, la entidad expedidora debe asegurarse de que el peso bruto verificado consta en el documento de expedición y que el mismo se presenta al capitán del buque o a su representante y al representante de la terminal con antelación suficiente, según lo exija el capitán o su representante, para que esta información pueda utilizarse al elaborar el plan de estiba.

Cuando la actividad de verificación del peso bruto de un contenedor se realice dentro de la zona de servicio de un puerto, dicha actividad puede tener la naturaleza de servicio comercial, a través de dos métodos:

- Pesar el contenedor lleno una vez concluidos la arrumazón y el sellado del contenedor.
- Pesar todos los bultos y elementos de carga, incluyendo el peso de los palés, la madera de estiba y demás material de sujeción que se cargue en el contenedor y añadiendo el peso de la tara del contenedor a la suma de cada masa.

póliza de fletamento
charter party

Contrato que se formaliza entre el fletante y el fletador para la utilización y explotación por este último de un buque de línea no regular o *tramp*, que lo destina al acarreo de mercancías mediante el pago de un flete, según alguna de estas modalidades:

- Contrato de fletamento a casco desnudo.
- Contrato de fletamento por viaje.
- Contrato de fletamento por tiempo.

póliza de seguro
insurance policy

Documento suscrito por la compañía asegurador y la persona física o jurídica asegurada en el que consignan todas las condiciones del contrato de seguro.

puerto franco
free harbour

Puerto y territorio colindante de un territorio aduanero que goza de exenciones y bonificaciones aduaneras sobre las mercancías objeto de tráfico.

recargo por cobro en destino
collect surcharge

Recargo que aplican las compañías navieras sobre el flete por su cobro en el destino de la carga, y que habitualmente equivale al 3 % del valor del flete.

recibido para embarque
received for shipment
Tipo de conocimiento de embarque que indica que la mercancía ha sido recibida por la operadora de transporte, pero no que haya sido embarcada. Está especialmente indicado para el transporte multimodal o de contenedores, ya que se emite cuando la mercancía se entrega a la primera empresa transportista o a la terminal de contenedores.

recibo de a bordo
mate's receipt
Documento que acredita el embarque de una determinada mercancía, firmado y sellado por la compañía porteadora o su representante, que sirve de referente para confeccionar el conocimiento de embarque.

régimen aduanero
customs procedure
Marco legislativo o normativo que cada país determina con el fin de regular el tráfico y la situación de las mercancías que se someten a la fiscalización de su aduana. La exportación o la importación pueden ser regímenes definitivos, pero también pueden estar acogidas a otros regímenes aduaneros económicos, como son: el depósito aduanero, el perfeccionamiento activo, la transformación bajo control aduanero, la importación temporal y el perfeccionamiento pasivo.

régimen TIF
TIF regime
Convenio de ámbito aduanero sobre el transporte internacional de mercancías por ferrocarril que tiene por objeto reducir las inspecciones aduaneras en las diferentes fronteras. La inspección física de la mercancía se efectúa en las aduanas de origen y destino. Se utilizan precintos que evitan el acceso a las zonas de carga del vagón y se establece una declaración de garantía TIF que tienen que efectuar las administraciones ferroviarias. El documento que ampara este tránsito se denomina carnet TIF.

régimen TIR
TIR system
Convenio de ámbito aduanero sobre el transporte internacional de mercancías por carretera. Permite transportar una carga precintada desde una aduana del país de origen hasta otra del país de destino, pudiendo ser ambas interiores, sin que en las posibles fronteras sucesivas sea necesario ningún otro trámite que el sellado del cuaderno TIR.

reimportación
reimport
Importación de mercancías que habían sido exportadas de manera temporal con anterioridad.

ruptura de carga
breaking bull
Acción y efecto de separar las cargas contenidas en una unidad de carga superior (en un contenedor, por ejemplo), en un punto determinado de la cadena de transporte, con el fin de almacenarlas o enviarlas a sus distintos destinos finales.

seguro de crédito a la exportación
insurance export credit
Tipo de seguro, complementario de los mecanismos financieros, cuya finalidad es proteger a la empresa exportadora contra los riesgos de la falta de pago de su cliente en el extranjero. Puede abarcar riesgos comerciales y políticos, entre otros.

servicios de inspección en frontera
border inspection services
Servicios de la administración pública relacionados con el control fronterizo de las exportaciones e importaciones en aspectos como la calidad, la sanidad, etc.

Sistema Armonizado
Harmonized System Code
Sistema Armonizado de Designación y Codificación de Mercancías de acuerdo con los criterios de clasificación de las materias primas y la producción de los productos. Entró en vigor el 1 de enero de 1988, fue adoptado por el Consejo de Cooperación Aduanera y tiene como finalidad facilitar las operaciones de las autoridades aduaneras, y de las empresas importadoras y exportadoras.

SWIFT

SWIFT

Siglas de la *Society for Worldwide Interbank Financial Telecommunication*, organización que gestiona una red internacional de comunicaciones entre entidades financieras. El código de identificación SWIFT se utiliza para facilitar las transferencias internacionales de dinero.

Taric

Taric (integrated community tariff)

Acrónimo de «tarifa integrada comunitaria», arancel integrado destinado a facilitar las liquidaciones de los derechos arancelarios en la UE.

terceros países

third countries

Expresión referida a aquellos países cuyas fronteras y aduanas es necesario pasar para poder llevar a cabo una operación de compraventa internacional de mercancías.

terminal de contenedores

container terminal

Terminal dotada de infraestructuras y equipamientos para realizar las actividades de recepción, almacenamiento, manipulación, aduana, servicios auxiliares del transporte y carga y descarga de contenedores para el traslado a su destino mediante algún modo de transporte.

territorio aduanero

customs territory

Espacio geográfico dotado de una legislación aduanera única frente al exterior, en el que las mercancías circulan sin limitaciones aduaneras.

TEU

TEU

Unidad de medida para contenedores que equivale a 20 pies (6,10 m), del inglés twenty-foot equivalent units. Las capacidades globales de buques o terminales de contenedores se miden mediante el TEU.

tránsito aduanero internacional

customs transit

Régimen aduanero donde queda suspendido el pago de gravámenes y tributos a la importación o exportación para una expedición que se transporta bajo control aduanero, desde una aduana de salida hasta una de llegada, atravesando una o más fronteras de dos o más países.

trimado o enrasado
trimmed
Operación posterior a la estiba de algunas mercancías a granel (cereales, minerales, etc.), mediante la que se aplana y nivela su superficie con el fin de evitar picos o conos y abarrotar las bodegas, aprovechar el espacio de carga disponible y colocar la carga en condiciones óptimas de seguridad en la navegación.

unidad de carga
unit load
1. Elemento modular (caja, palé, contenedor, etc.) conteniendo mercancía que se puede manejar, almacenar o transportar utilizando medios mecánicos. Puede estar formado por un único elemento o por un conjunto de menores dimensiones, agrupados para formar una unidad de carga compacta e individual que permita un fácil manejo y conservación, incremente la seguridad y contribuya a una manutención eficiente.
2. Mercancía dispuesta sobre un soporte (palé, plataforma, etc.).

unidad de transporte de carga (UTC)
cargo transport unit (CTU)
Unidad de carga construida para su uso en el transporte intermodal de mercancías. Su configuración física usual son el contenedor, la caja móvil, el vagón de mercancías o el semirremolque.

unión aduanera
customs union
Acuerdo de integración económica entre dos o más Estados que conlleva la transformación de sus respectivos territorios aduaneros en uno solo, con la supresión de los derechos arancelarios y no arancelarios, la libre circulación de mercancías sin barreras aduaneras y un arancel exterior común que debe aplicarse en las relaciones comerciales con países terceros.

valor declarado de la carga
declared value for carriage
Valor que se declara que posee la mercancía que se va a trasladar. Debe estar cubierto por el seguro del operador de transporte o, en caso contrario, se tiene que suscri-

bir una póliza flotante por el valor que no quede asegurado.

valor en aduana
customs value
Valor declarado ante la aduana para efectuar la declaración de impuestos y los derechos de aduana, según el código estadístico y la partida arancelaria que corresponda. Es el valor de la transacción comercial, cuyo importe figura en la factura comercial de compraventa de la mercancía para la exportación –incluido el costo de todos los elementos necesarios para su fabricación, transporte y seguro hasta el primer punto de introducción en el país o territorio aduanero importador–, y que se corresponde con el precio realmente pagado o que deba pagarse por dicha mercancía.

valor fiscal
fiscal value
Cantidad económica que se establece como el valor de un bien con fines tributarios; por ejemplo, aplicar un arancel aduanero o algún otro tributo, una deducción, una depreciación, etc.

zona de actividades logísticas (ZAL)
logistics activities área
Centro logístico intermodal establecido en el entorno portuario para la conexión y articulación de redes de transporte marítimo y terrestre (por carretera o carretera-ferrocarril).

zona de libre comercio
free trade area
Acuerdo entre dos o más Estados que incluye la supresión de los derechos arancelarios y cualquier otro obstáculo al intercambio comercial, sin incluir la exigencia de un arancel exterior común.

zona franca
customs free zone
Enclave territorial especialmente delimitado en el que existen facilidades para la entrada, la manipulación, el almacenamiento y la expedición de mercancías. Se halla exento de pago de derechos arancelarios y otros impuestos, hasta el momento de despachar las mercancías para su comercialización o consumo, mediante otros regímenes u operaciones aduaneros.

Colección: Gestiona
Director: David Soler

Guía práctica de las reglas Incoterms 2020
1.ª edición, 2021
© 2014, David Soler García
© 2014, incluido el diseño de la cubierta, ICG Marge, SL

Edita: Marge Books
València, 558 – 08026 Barcelona
Tel. 931 429 486 - marge@margebooks.com
www.margebooks.com

Gestión editorial: Eva Franch
Colaboración editorial: Alfonso Cabrera Cánovas, en la revisión de la obra,
   la elaboración de los esquemas y la redacción de las notas que los acompañan.
Infografía: José Soto
Compaginación: Mercedes Lara
Impresión: Safekat, SL (Madrid)

ISBN edición impresa: 978-84-18532-74-0
ISBN edición digital: 978-84-18532-75-7
Depósito Legal: B 9404-2021

El papel empleado en este libro no ha sido blanqueado con cloro elemental (Cl_2).

Si deseas conocer más sobre la aplicación de las reglas Incoterms y apoyarte en casos prácticos, consulta este libro, escrito por uno de los mayores expertos sobre la utilización de las reglas Incoterms.

Manual de uso de las reglas Incoterms 2020

Alfonso Cabrera Cánovas

Además, puedes acceder a sus test de autoevaluación para afianzar tus conocimientos sobre las reglas Incoterms.

Experimenta cómo aplicarlas correctamente, desde cualquier dispositivo o navegador.

Accede a Recursos Web de www.margebooks.com y supera los test de autoevaluación.

Gestión financiera del comercio internacional

Josep M. Casadejús

Guía documental para exportar e importar. Los 12 documentos clave

Alberto García Trius

Negociación para el comercio internacional

Cristina Peña Andrés

Crédito documentario. Guía para el éxito en su gestión

Cristina Peña Andrés, Amelia de Andrés Leal

El crédito documentario y el mensaje SWIFT

Luis Sánchez Cañizares

Manual del transporte en contenedor

Jaime Rodrigo de Larrucea

Manual del transporte de mercancías

Jaime Mira, David Soler

Soluciones logísticas

Francisco Álvarez Ochoa

Regímenes aduaneros económicos y procesos logísticos en el comercio internacional

Pedro Coll

Manual de gestión aduanera. Normativas y procedimientos clave del comercio internacional
Pedro Coll

Manual de uso de las reglas Incoterms 2020
Alfonso Cabrera Cánovas

Indicadores económicos en el comercio internacional
Òscar Mascarilla Miró

Manual de transporte para el comercio internacional
Cristina Peña Andrés

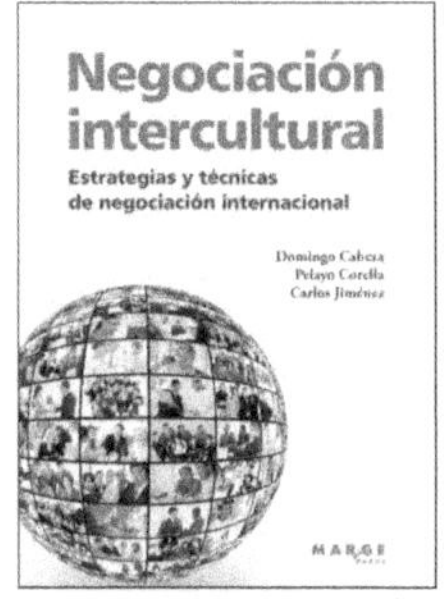

Negociación intercultural. Estrategias y técnicas de negociación internacional
Domingo Cabeza, Pelayo Corella, Carlos Jiménez

FUNTRADERS Un juego para aprender comercio internacional

Cómo participar en ferias comerciales
Cristina Peña Andrés

Transporte marítimo de mercancías. Los elementos clave, los contratos y los seguros
Rosa Romero, Alfons Esteve

Productos y servicios inteligentes y sostenibles
Llorenç Guilera, Antoni Garrell

València, 558 – 08026 Barcelona – Tel. +34-931 429 486 – marge@margebooks.com – www.margebooks.com